HND

羽田と成田

二つの首都圏空港が辿った道

前田隆平 著

NRT

はじめに

羽田と成田、言うまでもなく、首都圏の航空需要を担う二大空港である。このうち成田は、当初の名称が新東京国際空港であることが示すとおり、羽田の能力的限界から新たに建設が決定された空港であり、またすべての国際線をまかなうという位置付けの下に整備されたものであった。即ち、成田空港の建設が決定される段階から、国際線は成田、国内線は羽田という役割分担が確定されていた。

1978年5月、新東京国際空港、現在の成田空港が開港すると、予定どおり、成田空港にはは基本的にすべての国際線が羽田から移転したが、当時、中国の航空機と台湾の航空機が同一の空港を使用することは避けるべきとの政治的配慮から、台湾の中華航空のみが羽田空港に残留した。2000年9月には同じ台湾のエバー航空が東京への乗り入れを開始するが、これも中華航空同様、羽田に就航した。

2002年4月、成田空港の暫定平行滑走路が供用開始され、成田空港の発着回数の拡大が実現すると、当時中国と台湾の同一空港使用が諸外国でも一般的になってきていたこともあり、台湾の二つの航空会社は成田空港に移転し、羽田の国際定期便はゼロとなった。ここに、当初から予定されていた首都圏の二空港の役割分担が確立されることとなるが、この分担関係が維持されたのは8年半の間だけであった。

一般的に国際空港と言えば国際定期便が就航している空港を指し、国際チャーター便はCIQ（Customs/Immigration/Quarantine　税関／入国管理／検疫）さえ調達できれば、どこの空港へも就航が可能である。国内線のみとなった羽田空港においても、深夜早朝の時間帯を活用して、数は多くなかったが、この国際チャーター便は運航されていた。その過程で、やがて羽田空港には、その良好なアクセスに着目し、昼間時間帯にダイヤも固定されて定期的に運航される国際チャーター便が登場する。この「定期的チャーター便」という概念矛盾のような便は、ソウルに始まり、上海、北京など就航先が順次拡大されていくが、2010年10月の羽田の4本目の滑走路の供用開始と共に、これらの便は正式の国際定期便となり、この時点で羽田の再国際化が実現することとなる。

本書では、冒頭、決して忘れてはいけない成田空港の歴史に触れ、その後、この歴史と切り離して考えることのできない羽田の再国際化がどのような経緯で進められていったか、更には、4本目の滑走路供用後の能力拡大によって羽田の国際線が急速に拡大していくことに伴い、二つの空港の間の国際線の分担関係がどのように変容していったかを述べていくこととする。そして最後に、羽田及び成田に代表される我が国の空港整備について、その全体を概観しつつ、公共事業を担う行政とは何かについて考えていくこととしたい。

目次

成田空港暫定平行滑走路供用まで

1961年11月	首都圏内新空港建設の方針を閣議決定
1963年12月	航空審議会が新空港候補地として富里が最も適当との答申
1966年7月	新空港の建設予定地を成田市三里塚とする閣議決定 地元農民は「三里塚芝山連合空港反対同盟」を結成
1968年2月	三里塚芝山空港反対同盟と機動隊が成田市内で衝突
1969年12月	新東京国際空港事業が建設大臣から事業認定、土地収用が可能に
1971年2月	第一次強制代執行
1971年9月	第二次強制代執行 東峰十字路事件
1972年3月	反対派、岩山鉄塔設置
1977年5月	岩山鉄塔撤去 反対派と機動隊の衝突により反対派1名死亡（東山事件） 芝山町長宅前派出所襲撃により警察官1名死亡
1978年3月	管制塔襲撃事件
1978年5月	新東京国際空港開港
1988年10月	千葉県土地収用委員長が襲われ、瀕死の重傷
1988年10月	千葉県土地収用委員会委員全員が辞表提出
1991年11月～1993年5月	計15回の成田空港シンポジウム
1993年9月～1994年10月	計12回の成田空港問題円卓会議
1994年12月	成田空港地域共生委員会設置
1996年8月	「今後の成田空港と地域の共生、空港整備、地域整備に関する基本的考え方」を運輸省が発表
1998年12月	共生大綱成立
2002年4月	暫定平行滑走路供用開始

羽田空港再国際化の経緯

1978年5月	新東京国際空港開港 中華航空を除くすべての国際定期便は新東京国際空港へ
2000年9月	エバー航空、羽田に定期便就航
2001年3月	仁川国際空港開港
2002年4月	成田暫定平行滑走路供用開始 中華航空、エバー航空成田空港へ、羽田の国際定期便はゼロに
2002年5月～7月	日韓共催ワールドカップ対応の羽田―金浦チャーター便運航
2003年11月	羽田―金浦定期的チャーター便開設
2007年9月	羽田―虹橋定期的チャーター便開設
2008年4月	羽田―香港定期的チャーター便（深夜早朝便）開設
2008年6月	羽田新滑走路供用時に昼間3万回、深夜早朝3万回、計6万回の国際定期便を実現する旨の閣議決定
2009年4月	千葉県知事に森田氏
2009年9月	民主党政権発足
2009年10月	羽田―北京定期的チャーター便開設
2010年1月	日本航空経営破綻
2010年5月	新滑走路供用時の3万回に加えて更に3万回の羽田の発着枠を国際線に振り向けることを成長戦略会議が決定
2010年10月	羽田D滑走路供用開始 定期的チャーター便は定期便に（羽田枠第一次配分）
2012年3月	平成25年度末までに羽田の昼間時間帯の国際線を6万回とする旨の閣議決定
2012年8月	「日本航空の企業再生への対応について」(8.10ペーパー）を航空局が発表
2014年3月	羽田枠第二次配分
2015年2月	「羽田の飛行経路見直しにより、2020年までに国際線発着枠を4万回拡大」することが施政方針演説に盛られる
2018年3月	四者協議会で、成田の第3滑走路建設、B滑走路の延伸、夜間飛行制限の緩和を合意
2019年8月	「2020年3月より新飛行経路の運用を開始し、羽田空港の国際線を3.9万回増便」することを国土交通省が発表
2020年3月	羽田枠第三次配分

第一章

成田空港史

―暫定平行滑走路供用まで―

※本章における成田闘争に関する史実は、関係する文献、HP などをもとに著者がまとめたものである。

新空港候補地選定

かつて成田空港に行く際、鉄道利用者は改札口を出た場所で、バスや自家用車で入港する者は空港敷地内に入るところの検問所で、パスポートなどの身分証明書の提示を求められたことを記憶されているであろうか。２０１５年3月30日をもって廃止されたこの検問は、ほんの一例ではあるが、成田空港の苦難の歴史を物語るものであった。成田空港をめぐる闘争、その過程で起こった種々の事件、それらは遠い過去のものになりつつある。しかし、羽田の再国際化を含む日本の空港行政を考えるにあたって、成田空港の歴史の持つ重さはすべての人が強く認識しておかなくてはならない。

１９４５年の終戦とともにＧＨＱに接収された羽田空港（当時の名称は英語の『ハネダ・エアベース』）は、サンフランシスコ講和条約締結の翌年の１９５２年に施設の大部分が返還されて運輸省の所管となり、名称も「東京国際空港」となった。以後、１９５８年の全面返還まで、伸びゆく航空需要に対応するため、２５５０ｍの滑走路とともに近代的なターミナルビルなどの機能施設の整備が着々と進められた。しかしながら、首都圏の航空需要の増大は予想を上回るものがあり、１９６０年代初頭には早くも空港能力上の問題が生じ、駐機スポットの不足から航空機が滑走路上にオーバーナイトステイ（夜間駐機）せざるを得ない事態にもなった。

これに対応するため、３１５０ｍのＣ滑走路建設、Ｂ滑走路の海側延伸、新たな駐機スポット確保などが計画され、既に実施に移されていたが、これをもってしても10年先の需要に応え得るかは極めて疑問とされた。抜本的な解決策として、羽田空港を沖合に大規模に拡張することも検討されたが、①東京港への影響などから東京湾の港湾計画との調整が困難なこと、②広い範囲での埋立と地盤強化を伴い、かなりの難工事となること、③拡張できたとしても空港能力の拡充は20％から30％に留まり、長期的にはまた航空需要の増大に対応できなくなると予想されることから、この拡張は見送りとなった。これにより、運輸省は、方針を大転換し、首都圏内で羽田空港以外の場所に新空港を建設する方向で検討を開始した。

新空港建設の方針は１９６１年11月に閣議決定された。その後、候補地については、各方面の専門家から多くの意見が出され、その中で、浦安沖、木更津沖、富里、霞ケ浦が有力候補となった。この中では浦安沖が早々に候補から外れた。浦安周辺は広大な砂州で地盤が悪く空港用地には適さないというのが最大の理由であり、また羽田空港に近く、空域が重複することも難点とされた。次に、霞ケ浦は運輸審議会などでは一定の評価を受けていたが、ここも湖底の地盤が悪く、埋立には不適という土木技術的な理由に加えて、近接する自衛隊百里基地との調整も必要との理由から候補外となった。木更津沖を支持する声は多くなかったが、東京湾埋立という大型公共事業に情熱を燃やす当時の建設大臣河野一郎が木更津沖案を強硬に主張した。

1963年12月に航空審議会が空港候補地として富里が最も適当との答申をした後も、河野は木更津沖案支持を曲げず、富里案を進めようとする時の運輸大臣綾部健太郎に、新空港への道路建設など建設省との協力なしにできるものではない旨を強硬に主張した。ところが、河野は1965年7月に急死し、木更津沖案は最大の支持者を失うこととなる。これによって、答申を受けて運輸省案となっていた富里案が一気に浮上し、11月の関係閣僚懇談会後の記者会見で、官房長官橋本登美三郎が新空港予定地を富里に内定した旨を発表した。

成田空港をめぐっては、後に不幸な事態を惹起する過ちが繰り返されることになるが、この官房長官発表は最初の大きな過ちであった。完全な根回し不足である。富里では、候補地に名前が挙がった頃から反対運動が起こっていたが、政府は木更津沖案を推す河野との調整などに手間取り、地元への根回しを怠った。またこの官房長官発表は、千葉県知事友納武人にさえ事前の連絡もなく行われた。千葉県は、地元との調整がなされないままの建設予定地内定に態度を硬化させ、閣議で位置選定の延期を決定するよう求めた。これに対し、運輸大臣の綾部は、千葉県に対し、十分な地元住民対策を行うことを約束し、これを条件に、地元の説得など事態の打開を要請した。しかしながら、この地元対策も政府内の調整が手間取った結果進捗せず、その間、富里では反対運動が激化して、富里村（現・富里市）はもとより、周辺の町村議会も軒並み空港建設反対の決議を行うに至った。一旦は要請に応じた千葉県であったが、この事態を見て、空港予定地問題については当分静観するとの態度を表明し、千葉県による地元町村との調整は行われないこととなった。

富里案による空港建設が極めて困難になる中、代替案の検討が始められた。この過程で、時の自民党副総裁川島正次郎から候補地として三里塚が提案される。三里塚には御料牧場があり、これが空港用地として活用できること、その結果として収用すべき農地の総面積も小さくて済むこと、三里塚周辺は満州、沖縄などから引き揚げてきた開拓農民が多く買収が比較的容易と思われたこと、などを考慮しての案とされたが、一方で、三里塚には経営難に陥った三里塚カントリー倶楽部があり、この経営者と川島が昵懇の間柄であったことも理由の一つであったと言われている。富里案が発表されてから半年余り後の１９６６年6月、川島の手配により佐藤栄作首相と友納千葉県知事が会談し、三里塚案は実質的に内定するが、富里案の時と同様、三里塚の地元への説明、意見聴取はほとんど行われていなかった。このように、成田空港は、候補地選定の段階から、政府の拙速かつ地元への配慮を欠いた判断に翻弄された空港であった。

空港反対運動の激化

首相と千葉県知事の会談後の6月25日、成田市の三里塚小学校で新空港説明会が開催され、藤倉成田市長が住民らに新空港建設への協力を要請したが、空港建設用地と騒音地域の大部分を占める成田市及び芝山町は空港反対一色となり、3日後の6月28日には、「三里塚空港反対同盟」が結成された。この地域に戦後開拓で入植した農民たちにとって、1960年代半ばは、資金の返済が終わって稼業も軌道に乗り始め、ようやくこれまでの苦労が報われつつある時期であった。また農民たちには、これまで食料不足の首都圏に農作物を送り、復興を支えてきたという思いもあった。従って、川島ら政治家が開拓農民であるが故に収用は比較的容易と考える向きには自尊心を著しく傷付けられ、かえって空港反対の立場を一層強固なものにした。

このような動きをよそに、7月4日、内閣は「新東京国際空港の位置は、千葉県成田市三里塚町を中心とする地区とする」ことを閣議決定する。この一方的な決定に対抗するように、間もなく「三里塚空港反対同盟」と「芝山空港反対同盟」が合同し、「三里塚芝山連合空港反対同盟」が結成された。この同盟には、空港予定地内に土地を持つ地主の農民はもとより、その周辺の成田市三里塚と芝山町の住民も含め、約1500人が参加した。この同盟は、当初は個々に独立して活動する集落の集合体という要素が強かったが、やがて同盟内には、少年行動隊、青年行動隊、婦人行動隊、老人行動隊などが組織されて各世代間での横のつながりも生まれた。少年行動隊は、小中学生の子供たちで組織されており、反対派の世帯は、就学児童も含め、まさに一家総出で反対運動に臨むこととなった。

折しもこの時期は、70年安保に連なる日本の学生運動が勃興しつつある時期であった。当時の佐藤内閣は、米軍が国内の軍事基地や野戦病院を使用することを黙認していたが、新左翼の学生たちは、これをベトナム戦争での米軍の軍事行動に対する間接的支援であるとして強く糾弾していた。佐藤首相は、1967年10月8日には、ベトナムを含む東南アジア訪問のため、11月12日には米国訪問のため、二度にわたって羽田空港を出発したが、学生たちはこれらを実力阻止するべく、第一次及び第二次羽田事件を起こし、羽田空港への突入を図って機動隊と激しい衝突を繰り返した。

第一次羽田事件直後の1967年10月10日、成田では、土地収用法に基づく立ち入り調査が実施され、外郭測量用の杭を打つため、新東京国際空港公団の職員が、約2000名の機動隊員に守られて空港予定地に現れた。反対同盟は、進路上での座り込みや投石による阻止を試みたが、機動隊は、道路交通法などに違反するとの警告を行ったうえ、反対同盟を物理的に排除した。この杭打ち事件に悔しい思いをした反対同盟は、羽田事件で機動隊と渡り合う新左翼系の学生達に大いに期待を抱き、これと共闘する方針を決めた。新左翼各派にとっても、三里塚闘争は、反佐藤内閣、反権力の象徴的かつ格好の対象と映り、その後、農民支援の名目のもと、学生らが続々と成田に入ってきた。

1968年2月26日、成田においては反対派の学生と機動隊との間で初めてとなる激しい衝突が起こった。これは、成田市内にある空港公団分室へ学生集団が突入しようとするのを機動隊が阻止したものであったが、それまで新左翼に懐疑的であったり、暴力行使を懸念したりしていた反対派住民も、体を張って機動隊に立ち向かう学生たちの姿を見て、これを大いに評価した。このあたりから、反対同盟は、武装闘争路線の新左翼である中核派、社学同諸派、社青同解放派が主導する三派全学連の全面的な支援を受けることとなった。以後、反対同盟は、新左翼三派とともに、座り込み、投石、バリケード構築など様々な手段により、空港公団、機動隊を相手に実力で対抗していくようになり、更に、建設予定地内外に活動の拠点となる団結小屋を設置するなどして反対運動を強化していった。

◆空港用地確保 ―強制代執行―

難航が予想された用地の取得について、政府側は、当初から慎重かつ丁寧な対応に務めた。1966年7月4日の閣議決定に前後して、運輸省、千葉県、新東京国際空港公団は、空港建設の意義、移転補償の内容についての住民説明を行ったが、この際、千葉県が地権者に提示した買取価格は、畑一反100万円前後がおおよその基準とされており、これは当時の相場の4倍以上の金額であったともいわれている。その他、①買取額を代替地に充当した場合耕地面積が1・5倍程度に増やせるように調整する、②離農する農家には廃止補償を出す、③家屋立替えの費用は新築見合いで算出するなど破格の条件が提示され、これを受けて地権者の8割強が、閣議決定後数か月の間に、「国策でもあるので、反対ではなく、条件を出して話し合おう」という条件賛成派に転じた。これに対し、反対派は、条件賛成派に対する嫌がらせで売却を妨害すると共に、空港用地買収交渉を困難にするため、用地を細分化して多くの人間が分割された小さな土地を登記する「一坪共有運動」や立ち木一本一本を買い取って表札を掲げ、立ち木権を主張する「立ち木トラスト」を展開した。このような反対同盟の激しい抵抗を受けながらも、新東京国際空港公団は粘り強く交渉を進め、1968年4月6日には、4つの条件賛成派団体との間で「用地売り渡しに関する覚書」を交わし、空港予定地内にある民有地の85％超を取得していった。

空港公団は、これをもとに、とにかく早期の開港にこぎつけるため、当初の計画の半分の施設だけでも一期工事で建設する方針を決定した。しかしながら、滑走路予定地のものも含む未買収地は依然残されており、空港公団は、一期工事区域内の土地所有者と精力的に用地買収交渉を重ねたが、成果は上がらなかった。羽田の処理能力が限界に達してから既に久しく、新空港への一刻も早い国際線の移管を求める声が強まる中、公団内で用地買収を直接担当する者たちは、それでも任意の売買による用地取得を続けるべきと主張したが、空港公団幹部は、早期開港を目指す政府にせきたてられ、結局、土地収用を実施するための手続を進めざるを得なくなっていった。1969年12月16日、新東京国際空港事業は建設大臣からの事業認定を受け、これによって、千葉県収用委員会の裁決が得られれば、千葉県知事の権限で行政代執行法に基づく土地収用を行うことが可能となった。1970年3月3日、空港公団は、滑走路予定地北端の第1地点から第6地点と呼ばれる6件6筆の土地について、収用委員会に対して権利取得と明け渡しを求める申請を行い、これに対して、同年12月26日、収用委員会は1971年1月

31日を期限とする権利取得採決と明け渡し採決を行った。
１９７１年１月14日から空港公団は採決に基づく損失補償金の支払いを始めたが、地権者はこの受け取りを拒否し、期限の１月31日になっても明け渡しは行われなかった。友納千葉県知事は、２月12日を新たな期限とし、これまでに明け渡しがない場合は代執行を行う旨の戒告書を送った。結局この期限になっても明け渡しが行われなかったため、２月22日から３月14日までの間に代執行を行う旨の代執行令書が地権者に送付された。友納知事は、後に、この代執行を決断した理由として、対象の土地が農民にとって必要な農地、農家でなかったこと、また、その土地も合計でそれほど大きな面積でないにもかかわらず、代議士なども含む多くの人達が分割して所有していたことなどをあげたと言われている。代執行には慎重な知事であったが、対象の土地が収用の妨害を目的としたものであることが明らかだったこと、またそのことを踏まえれば、本来望ましい話し合いによる解決も困難であったことなどが、知事の決断に至らせる大きな理由であったと推察される。農民を守るというのが反対運動の理念であったとすれば、これらの土地自体は、必ずしもその理念に沿わない単なる闘争のための手段であった。

代執行は通告どおり２月22日に開始されたが、この日は現地で過激派１５００人が反対同盟と共にデモ行進や突撃訓練を繰り返し、代執行は早々に中止となった。翌日も反対派の活動に対して機動隊は動員されるに至らず、空港公団は反対派の拠点である団結小屋などには手を出せなかった。一方、反対運動に加わっていなかった周辺地域の者たちも、反対同盟から代執行の現場を見に来るようにと呼びかけられ、野次馬として、大量に現地に集結していた。24日、小学生、中学生からなる反対同盟の少年行動隊が、代執行実施班に体当たりした際、ガードマンの警棒による制止によって負傷し、入院すると、義憤に駆られたこれらの野次馬まで投石などの妨害行為を行うようになった。25日に遂に機動隊が導入されたが、それでも野次馬の妨害で代執行は進まず、26日には、友納知事が27日から3月1日までの代執行停止を命じた。3月2日に代執行は再開され、3日になって、機動隊の動員により、代執行現場への野次馬の侵入阻止が成功すると、形勢は一気に公団側に傾いた。この時、代執行部隊の先頭に立ったのは屈強な公団臨時職員だったが、彼らは、鎖で立ち木に体を括りつけて抵抗する農民を見ると、その農民ごと立ち木を切り倒すなど、今では考えられない強引さで反対派を排除していった。また、木の上にいる農民を見つけると、木をゆすって振るい落とし、これによって地面に叩きつけられて骨折する者も出た。この公団臨時職員は、全国から集められ、日当で雇われた者たちであり、その行き過ぎた非情なやり方に機動隊が思わず止めに入るほどであった。5日及び6日の両日には、撤去作業のための重機まで導入され、これに向かって反対派が投げつけた火炎瓶で重機のオペレーターが火だるまになって転げまわるなど、壮絶な攻防となったが、最後はバリケードに開かれた突破口から機動隊が突入し、団結小屋は陥落して代執行の終了宣言が出された。13日間に及んだ代執行での延べ動員数は反対派2万人、機動隊3万人、負傷者は双方で推定２０００人超に及んだ。

１９７１年6月12日、千葉県収用委員会は、残された区域内で、先に空港公団から緊急採決の申し立てがなされていた14件30筆の土地について緊急採決を行い、明け渡しの期限を8月12日と定めた。8月13日、空港公団は、明け渡しのなかったものについて県知事に対して代執行請求を行い、その後明け渡しがなされたものを除く5件6筆について代執行令書が送付された。第2次代執行の対象となったのは第7地点から第10地点、第12地点、及び第18地点と呼ばれる6個所で、第7地点は当時の社会党成田委員長以下も名を連ねる社会党の一坪共有地、第8から第10地点は堅牢な団結小屋が築かれた反対同盟の拠点であったが、第12及び第18地点は小泉よねという農民の田んぼ及び家屋であった。この地点では、１００人を超える支援学生がテントを張るなどして寝泊まりしていたものの、実際に反対派農家が自分の家で生活しており、友納知事もこの地点の取得には消極的で、代執行令書の送付についても最後まで迷ったという。

警察側は、第一次代執行で苦労した野次馬排除のためには後方支援を充実させる必要があること、今回は代執行の対象となる地点が分散していることなどから大量の人員で警備を行う必要があると判断し、千葉県警、警視庁に加えて、埼玉県警や神奈川県警からも応援部隊を動員することとした。また、代執行の時期は9月16日から29日までの間とされていたが、9月27日には天皇訪欧が予定されており、それらの警備にも相当な動員を行わなくてはならないことから、代執行はできる限り早く終結させるべく、当初から万全の態勢を敷くこととしていた。

第二次代執行は、予定どおり9月16日に開始されたが、この日、悲劇が起こった。応援部隊として動員されていた神奈川県警の機動隊員3名が命を落としたのである。

警察側は、今回は3か所の堅牢な団結小屋を陥落させることに困難が予想されることから、機動隊員の配置にあたっては、団結小屋周辺への配分を優先し、結果として外周部の警備が手薄になった。一方で、反対派は、第一次代執行の経験から、実力闘争に参加する全員が団結小屋に立て籠もる作戦を転換し、ゲリラ部隊を結成して、外周警備の警察によって作られた内部侵入阻止線を打破し、外側にいる野次馬などを侵入させて、籠城部隊と合流させる計画を立てた。これによって、団結小屋周辺と外周部それぞれにおいて、警察側と反対派の重点の置き方に著しい差が生じた。

神奈川県警から派遣された特別機動隊261名は、団結小屋の東側の東峰、天神峰方面に配置されて、後方警備や道路封鎖を担当することになっていた。この部隊は堀田安夫警視が率いていたことから堀田大隊と呼ばれ、3つの中隊からなり、それぞれの中隊に2つの小隊があった。当日、堀田大隊は、早朝に川崎を出発、代執行宣言前の午前6時30分頃に東峰十字路に到着し、「東峰十字路で検問に当たると共に、付近を検索、山林内に隠匿された火炎瓶、ゲバ棒の発見に努める」との任務遂行のため、各小隊が場所を分担して検索に従事した。一方で、過激学生集団によって構成されたゲリラ部隊約700人は芝山町に集結し、東峰地区へ向かっていたが、東峰十字路に機動隊が入り始めているとの情報を得ると、これを挟み撃ちにするべく、二手に分かれて、東方と北方から十字路に向かった。やがて両者は接触し、ゲリラ集団は火炎瓶、竹槍などで機動隊に襲いかかった。堀田大隊は、到着した直後に、しかも検索のために各小隊を分散させた状態のままで過激派の襲撃を受けることとなった。

堀田大隊は、堀田警視が右腕を骨折したのを始め、全身火傷、片目失明など重傷者も続出したが、中でも悲惨を極めたのは、福島誠一警部補率いる第一中隊第一小隊だった。福島小隊30人は、十字路北側の検索を終了し、警部補指揮の下に整列をしていたが、そこにガサ藪を抜けてきたゲリラ部隊約２００人が現れ、福島小隊は中隊本隊との間を分断され、孤立することになった。

ゲリラ部隊は、隊員たちに火炎瓶を投げつけ、火だるまとなった隊員は地面をのたうち回った。火傷を負って倒れ、無抵抗になった隊員に対して、過激派は猛然と群がり、衣服を剥ぎ、装備を外したうえで、竹槍や釘を打ち込んだ角材で滅多打ちにした。

福島警部補も火炎瓶を受けて火だるまになり、炎を消そうと転げまわっていたが、これに過激派が襲い掛かった。無抵抗の警部補はヘルメットを剝ぎ取られ、過激派が他の機動隊員から奪った手錠をかけられた上、ゲバ棒、鉄パイプで滅多打ちにされ、病院に搬送される途中で死亡した。また同じ小隊の柏村巡査部長、森井巡査も倒れたまま滅多打ちにあい、搬送先で死亡が確認された。

大隊本部は、福島小隊からの救援要請の警察無線を傍受し、他の中隊を救援に向かわせようとしたが、それぞれの中隊もあらかじめ多数配置されていたゲリラ集団と衝突し、福島小隊のもとに到達できなかった。また大隊本部から救援要請を受けた警備本部は、警視庁第二機動隊を救援に向かわせたが、到達した時には既にゲリラ部隊は逃げ去った後であり、現場には叩き割られた隊員のヘルメット、引きちぎられた血染めの上着やズボン、血まみれの竹槍などが残されているだけであった。

福島警部補、柏村巡査部長、森井巡査の死因は脳挫傷と脳内出血であったが、司法解剖の結果、共通して頭蓋骨亀裂骨折、複数の肋骨骨折が認められ、特に福島警部補は胸部、背中合わせて7本の肋骨が折れ、一部は肺に刺さっていた。また、顔、顎から肩、胸にかけては皮膚がただれ、黒く焦げるほどの火傷があり、頭、顔、胸部におびただしい数の打撲傷が認められた。空港公団に運び込まれた3人の遺体は、打撲による陥没と焼けただれるほどの重度の火傷で正視に耐えないほど損壊しており、立ち会った同僚の警察官はみな嗚咽し、ベテランの検視官でさえ、

「これが人間のすることとか」

と激昂したという。

一方、既に社会党一坪運動地のある第7地点と木の根青年行動隊団結小屋のある第9地点を制圧していた埼玉県警及び千葉県警の機動隊は天浪団結小屋のある第8地点の攻略に取り掛か

り、警察側の主力である警視庁機動隊は駒井野団結小屋のある第10地点を攻めようとしていたが、それぞれが排除行動を開始した頃に、警察官死亡の報が無線で伝わり、激昂した機動隊による攻勢は熾烈を極めた。第8地点、第10地点共に機動隊は過激派による激しい火炎瓶攻撃にあったが、第8地点では、導入したクレーン車のアームをバリケードの土嚢にぶつけて突破口を開き、正午過ぎにはこれを制圧、第10地点でも、ショベルカーでバリケードを破壊して機動隊が団結小屋に突入、午後3時15分には、小屋に建てられていた鉄塔を倒壊させて制圧した。

最後に残った小泉よねの住む第18地点について、9月19日、友納知事が代執行を延期し、翌日の代執行は行わない旨の発表を行っていたが、翌20日、突如機動隊と作業員が第18地点に現れ、稲の脱穀をしていた小泉よねを排除して住居を撤去した。これ以上の犠牲者を出さないための不意打ちであった。この成田空港問題における最初で最後の民家への代執行をもって、第二次代執行は終了した。第一次と比べてより周到な態勢で臨んだ第二次代執行であったが、3人もの悲痛なる犠牲者を出すこととなり、悔やんでも悔やみきれない結果となった。

第二次代執行後間もない10月1日、一人の青年が自ら命を絶った。三ノ宮文男という反対同盟青年行動隊員だった。地道に農耕に従事する人々からそののどかな生活を奪ってしまう空港建設には断固反対しなくてはならないとの意識から、三ノ宮は友人と共に1968年4月から闘争に参加した。毎晩のように仲間と闘争は如何にあるべきかを話し続け、抗議行動にも欠かさず参加する中で、警察への連行も何度か経験した。最後は二度にわたる代執行を目撃し、権力を前にした自分たちの無力さに限りない衝撃を受けた。残された遺書の中で、三ノ宮は、母親には苦労をかけたこと、心配をかけたことを詫び、父親には活動のために仕事を十分に手伝えなかったことを詫び、最後はこう結んだ。

「俺が行ったら、あのやぶれた青行のはたで、くるんでくれや。できたら、みんなでみおくってくれ。おれだけ、ずるやってもうしわけない。三里塚空港粉砕！　最後まで、三里塚に生きつづけて下さい。みんな元気で。」

享年22歳。純粋な若者の闘争に疲れ果てての痛ましい死だった。

◆鉄塔撤去

この二度にわたる強制代執行により、A滑走路の予定地である1期地区の空港敷地が空港公団によって確保されると、翌1972年3月、反対派は、A滑走路の延長線上に高さ60m超の鉄塔を建設した。この鉄塔は「岩山鉄塔」と呼ばれ、航空機の離着陸を妨害することを目的としたもので、実際に、航空機のために確保されるべき空間に鉄塔が出っ張っているため、滑走路を供用するために必要な飛行検査も実施できない状態となっていた。

1977年1月、福田赳夫内閣が閣議で年内開港を指示すると、開港の最大の障害であり、反対派のシンボルともなっていた岩山鉄塔をめぐって、反対派と空港当局との対立が先鋭となった。5月2日、空港公団は、鉄塔の設置は航空法違反であるとして、その撤去の仮処分申請を千葉地方裁判所に提出し、これに対して地裁は、2日後の4日、仮処分の決定を下した。5月6日未明には、2100名の機動隊が鉄塔周辺に乗り込んで集まっていた反対派を排除し、反対同盟事務局長が現地に到着すると、千葉地裁の執行官が事務局長に鉄塔の撤去を一方的に通告した。周囲を反対派が取り囲む中で作業は開始され、その日のうちに鉄塔は切断撤去された。この時点では、反対派による仮処分の口頭弁論が未だ上申されている最中であり、この日の撤去は反対派にとって言わば事前通告なしの抜き打ち的なものであった。

この撤去に憤慨した反対派は抗議集会を企図し、会場である芝山町大里の広場に集結した。機動隊は検問や規制線を張ることで支援学生や武器の流入を防ごうとしたが、反対派の人数の多さに抗しきれず、結果的に武器を持った学生が大挙して会場に殺到した。集会当日の5月8日、第5ゲートへのゲリラ襲撃事件で機動隊員一人が負傷するのを皮切りに、機動隊と反対派の衝突が始まった。反対派は500本の火炎瓶、2トンにも及ぶ石で機動隊を攻撃し、これに一旦は圧倒された機動隊も大量の催涙ガス弾発射や放水で懸命に応戦した。機動隊がこの学生らの激しい攻撃を食い止めて攻勢に転じた直後のことだった。反対派が設置していた臨時野戦病院への機動隊の侵入を防ごうとしていたデモ隊の一人、東山薫が、右後頭部を負傷し、意識不明の重体となった。当時東山は国道に向かって仲間4人とスクラムを組んでいたが、背後に機動隊の気配を感じて振り返った際に、国道側から発射されたガス弾を頭部に被弾した。東山は、ノンセクト支援者の集まる坂志岡団結小屋のリーダー的存在であったが、非暴力主義であり、トラック運転手をするかたわら、団結小屋で援農や救援活動に従事する穏健派の活動家だった。新左翼の過激派とは異なり、この日も非戦闘員を表すマークがついたゼッケンを着用してデモに参加し、頭部をヘルメットで保護することもしていなかった。東山は成田赤十字病院に搬送されたが、直後に脳死状態となり、2日後の5月10日に死亡した。死因は開放性脳損傷及び脳挫傷であった。享年27歳。ひたすらに農民支援を目的に反対運動に参加した青年の非業の死だった。反対派は、本件は、本来ガス銃は上に向けて使用するものであるにもかかわらず、機動隊が水平打ちをしたことによって起こったものであり、機動隊側の明確な殺人行為であると主張した。これに対して、警察側は、東山の負傷は反対派の投石による同士討ちであるとしつつ、一般論として、水平打ちは、相手が多人数の極左暴力集団であり、警察官の生命に危険が及ぶような事態の場合は武器を使用して良いとする警職法の範疇であると主張した。原因が如何なるものであったにせよ、機動隊との衝突における反対派からの最初の犠牲者であり、三里塚闘争は、機動隊、反対派双方から死者を出すという悲惨な事態となった。

強制代執行以来、地元農民は、機動隊とぶつかろうとする学生セクトに対して、今は血を流す時ではないと抑制していたが、一方的な鉄塔撤去でこの抑制は全く効かなくなり、この時の集会では当初から反対派も殺気立っていた。一方、機動隊側も東峰十字路事件以来、反対派に対する憎悪と恐怖がまん延しており、この日の支援学生を中心としたゲバ棒、ヘルメット姿は憎むべき極左暴力集団以外の何物でもなかった。このような両者の激しい敵対感情が、衝突を凄惨なものにし、再度の悲劇を生む要因となった。

この鉄塔撤去をめぐる衝突と時を同じくして、芝山町長宅前の派出所が襲撃される事件が発生した。時の真行寺芝山町長は空港建設推進派であり、数か月前に反対派によって自宅に発煙筒が投げ込まれ、玄関や車のガラスが壊されるなど、既に反対派の攻撃対象となっていた。このため、千葉県警は、町長宅前に臨時派出所を設け、警察官による常時警備を実施していた。東山薫がガス弾を受けて重体となった翌日の5月9日、火炎瓶、角材、棍棒で武装した極左暴力集団40〜50名が、柏署員6人が警戒するこの派出所に数十本の火炎瓶を投げ込み、全焼させた。派出所に詰めていた署員は、この攻撃で全員が重軽傷を負い、その中でも全身やけどを負った岡田巡査部長を含む3名は病院に搬送された。岡田部長は、火炎をまともに吸い込んだため、火傷が体内に至るほどの重傷であり、のどの切開手術などを受けた後も病状は一進一退を続けたが、5月21日、懸命の治療の甲斐なく死亡した。

東峰十字路事件で死亡した3名は、神奈川県警から応援で派遣され、火炎瓶、ゲバ棒などの凶器の検索を任務としていた機動隊員であったが、この事件での岡田部長も、我孫子幹部派出所の交通主任で、臨時に芝山町長の警護の任に就いていただけであった。過激派にしてみればすべて権力の手先という位置付けであったかもしれないが、これらの事件に巻き込まれ、生命まで落とした方たちの悲運には切なさを禁じ得ない。

この芝山町長宅前派出所の事件は、東山事件の翌日に発生したこともあり、その報復であったと見る向きもある。穏健派の東山がこのような報復措置を望んだとは到底思えないが、いずれにしても、人間の憎悪がもたらす惨劇が繰り返され、警察は成田闘争による4人目の殉職者を出すことになった。

新東京国際空港開港

熾烈な反対闘争によって開港準備に遅れが生じる中、1977年11月、年内開港を断念した福田内閣は、新たな開港予定日を1978年3月30日とした。これに対して、反対派は政府への対決姿勢を強め、開港予定日に向けて、「空港包囲、突入、占拠」による開港阻止の計画を固めていった。この当時、成田空港は、周囲を囲む高さ3mのネットフェンスと9か所のゲートによって堅固に守られていた上、全国から動員された1万人以上の機動隊と新東京国際空港公団が配置した警備員によって厳重な警備体制が敷かれていた。これに対して、反対派は、空港敷地外でのゲリラ活動や空港突入行動によって機動隊の主力を分散させ、その間に地下排水溝を通って手薄になった空港敷地内に潜入し、管理棟の上にある管制塔に突入して管制室を占拠する作戦を立てた。

開港予定日直前の3月25日夜、反対派22人からなる行動隊が監視塔からのサーチライトや機動隊の巡回をかいくぐって、二本目の滑走路の予定地にあるマンホールから空港内に通じる排水溝への侵入を図った。22人のうち7人は機動隊に発見され、排水溝に入れなかったが、15人は侵入に成功し、空港内の地下で潜伏を続けた。

3月26日、反対派は周辺の小学校、公園などで総決起集会を開き、その後いくつかのグループに分かれて空港に向かい、第5ゲート、第8ゲート、第9ゲートなど複数の地点から空港内への突入を図った。このうち第9ゲートでは、反対派のトラック2台が、火炎瓶で追い立てられてゲートに逃げ込んだパトカーを追う形で空港内に突入し、管制塔のある管理棟ビルの敷地の中に突っ込んだ。この際、1台のトラックの荷台に積んであった廃油の入ったドラム缶が倒れ、これに火炎瓶の炎が燃え移った結果、管理棟ビル前でトラックごと炎上する事態となった。このような各方面からの突入行動は、機動隊の対応に混乱を惹起し、反対派にとって、陽動作戦としては十分に効を奏するものとなった。

午後1時になると、地下に潜伏していた行動隊は、京成成田空港駅近くの排水溝から這い出し、管制塔に向かって走り出した。数人の制服警官がこれを発見し、追跡したが、行動隊は火炎瓶を投げつけてこれを阻止し、管制塔玄関前に到達した。玄関前付近は、第9ゲートに突入して炎上したトラックの消火活動と犯人の逮捕活動で大混乱しており、行動隊のうち10人はその隙をついて、消火活動のためにシャッターが開けられた玄関から管理棟に侵入し、エレベーターに乗り込んで16階の管制室を目指した。エレベーターは14階までで、ここから16階に至る階段の途中には施錠された鉄製の扉があり、16階の管制室で勤務していた5名の航空管制官はこの扉の内側に椅子や机でバリケードを作って侵入を防ごうとした。

行く手を阻まれた行動隊は、14階のテラスから上に伸びるパラボラアンテナの鉄骨を発見すると、それをつたって16階のテラスまで登り、管制室の窓ガラスをバールでたたき割った。室内にいた管制官は、この時まで警察のヘリコプターへの管制を続けていたが、自分たちが人質となって開港阻止の取引材料とされるのを避けるため、管制塔屋上に脱出した。これと入れ替わりに入ってきた行動隊は、管制室内のすべての管制用機器をバールで破壊し、これによって、管制塔は完全に作動不能に陥り、4日後に控えた開港予定日までには到底修復できない状態となった。行動隊の侵入から数十分の後、管理棟周辺で機動隊と衝突していた反対派は、用意した火炎瓶が尽きてきたこともあり、その大部分が第8ゲートから空港敷地外へ退散した。

夕方になると、管制塔の外壁をよじ登った機動隊員が管制室に突入し、中にいた行動隊員を全員逮捕、まる一日の管制塔襲撃事件は終わった。政府にとっては痛恨の極み、反対派にとっては闘争における大勝利と位置付けられたこの事件は、外国のメディアにも大きく取り上げられ、一般の理解を超える成田問題の深刻さを内外に示すものとなった。

管制塔襲撃の2日後の3月28日、新東京国際空港関係閣僚会議は、3月30日の開港の延期を正式に決定し、開港延期のノータム（NOTAM, Notice To Airmen）が世界の航空機関に発出された。ノータムとは航空情報の一種であり、一時的なものや緊急のものを操縦士などに知らせることに用いられる。通常航空情報はＡＩＰという航空路誌で提供されるのが一般的であるが、今回のものは開港延期に関する情報提供という緊急性の高いものであったため、ノータムが用いられた。4月4日には、閣僚会議は、「新東京国際空港の開港と安全確保対策要綱」を決定し、新たな開港日を5月20日に決定した。この開港日に向けて、破壊された管制機器の取り換え等復旧作業が突貫で行われる中、開港を妨害する行為はなおも続き、5月5日には、酒々井町の宗吾車庫に留置中の京成スカイライナーが放火され、1両が全焼した。ガソリンを撒いた上で時限発火装置を作動させる手口であり、中核派による犯行だった。

幾多の困難を乗り越え、5月20日、新東京国際空港は、1万を超える機動隊が警備する厳戒態勢の中、開港した。開港式典は運輸大臣以下58名のみの出席で行われ、この規模の空港の開港祝賀としては異例であった。翌21日には、開港後の初便である日本航空のロサンゼルス発貨物機が到着初便として着陸し、その後は旅客第1便としてフランクフルト発の日本航空機が着陸した。出発初便としては大韓航空の貨物機がソウルに向けて離陸し、その後、旅客出発第1便として日本航空のグアム行きが22日に離陸して、空港は本格的に始動した。しかしながら、言うまでもなく、新空港は極めて不完全な形でのスタートであった。当初予定されていたＡ、Ｂ、Ｃ3本の滑走路のうち、４０００ｍのＡ滑走路こそ供用されたものの、Ａ滑走路と並行す

新東京国際空港開港

提供：成田国際空港株式会社

る２５００ｍのB滑走路、横風用の３２００ｍのC滑走路は全く手がついていない状態であった。この後、多大な困難を克服してB滑走路が暫定供用されるまでには24年の歳月を要することになる。

◆二期工事阻止闘争 ―ゲリラ事件の頻発―

新空港の開港後も、反対派は、２本目の滑走路建設のための二期工事を阻止する闘争を続け、中でも中核派を中心とする過激派は、執拗なゲリラ闘争を展開した。管制施設へのケーブルを切断したり、燃料パイプライン施設に放火したり、工事現場に爆弾を仕掛けたりする等、あらゆる手段で妨害を図ったが、空港関係者への個人攻撃も数多く、その典型的な手口は、自宅に時限発火装置による爆弾を仕掛けることであった。運輸省の職員もこのゲリラ攻撃の標的となり、私自身、その最初の被害者となった。

１９８６年9月4日の午前2時半頃、自宅の庭の方で大きな物音がして目を覚ますと、玄関のドアをドンドンと強くたたく音がする。

「大変です。大変です」

隣の家の奥さんだった。

「どうしましたか」

「前田さんの車が庭で燃えている」

泣きそうな叫び声だった。

「今すぐ行きます」

大急ぎで玄関を飛び出すと、庭先に駐めてあった私の車が火柱をあげて燃えている。直ちに119番通報をと部屋に戻ろうとした時、既に火災を検知していた消防署からの消防車がサイレンと共に到着し、消火を開始した。当時私は航空局の課長補佐として一般空港の管理を担当する課にいたが、成田空港の仕事には全く関与していなかった。燃えさかる車を見ながら、「こんなものが単独で燃えるわけがないし、ひょっとしたら」との思いが頭をよぎったが、「過激派も自分のような下っ端を襲っても仕方がないし」と思い直した。

消防車の消火活動の間に警察官も到着した。鎮火して間もなく、警察官による被害物件の検証が始まったが、燃えた車の下からは、真っ黒になった時計、リード線、木くず、タオルの切れ端などが出てきた。やはり、過激派による犯行だった。

「念のため家の周囲を点検しますので立ち合って下さい」

そう言われて、私と家内が警察官について見回ると、玄関脇に黒いゴミ袋がある。

「奥さん、これ出しましたか」

「いえ、私はこれは出していません」

警察官は両腕を大きく広げた。

「下がってください」

私と家内を玄関から遠ざけると、警察官はゆっくりとゴミ袋に近づいていき、慎重にそれを解いた。中からは、ガソリンを満タンに入れたポリタンクと、時計を埋め込んだ真っ黒な木箱の発火装置が出てきた。タイマーと発火装置の接続不良による不発弾だった。当時はゴミ袋は透明のものばかりではなく、私の家は黒いゴミ袋を使っていたが、爆弾が入っていた袋は私の家で使っていたものと全く同じものであり、入念な下見に基づく犯行であった。また玄関の爆弾の前面にはぐるぐる巻きにしたバスタオルが置かれていたが、これはガソリンが玄関ドアと反対側に流れて家が燃えなくなってしまうことを防ぐためのものであり、放火を完遂するための周到な措置であった。標的となる人間が死亡しても構わないと考えていたことは明らかであり、もしも車の下のものと玄関脇のものが逆であったとしたらどうなっていたかと慄然たる思いであった。

指紋の採取など現場の検証が続いている中、私は傍にいた警察官に訊いた。

「犯人は捕まるでしょうか」

警察官は首を横に振った。

「組織的な犯行なのでなかなか」

この種の犯行では、爆弾を作る人間、運ぶ人間、仕掛ける人間はそれぞれ別であるなど、過激派は、逮捕を極めて困難にする工夫には非常に長けていた。また、数日後、中核派はその機関誌「前進」に「9月4日、前田宅を襲撃、炎上壊滅させた」との犯行声明を出したが、このような凶行が堂々とまかりとおる現実に暗澹たる気持ちになった。

1978年から2015年の間に発生したゲリラ事件は全体で919件あり、そのうち成田関連は過半数の511件であったが、2002年4月の暫定滑走路供用後は成田関係のゲリラ事件はほとんどなくなった。運輸省の職員に関して言えば、私を含めて17人が被害を受けたが、ゲリラの標的は、千葉県の職員、新東京国際空港公団の職員、成田関連の工事に従事する企業の職員等広範囲にわたり、被害者もおびただしい数に及んだ。自宅や車を焼かれ、火傷を負うなど深刻な被害が重なる中で、死者を出す痛ましい事件もあった。

1983年6月7日、千葉県四街道市の東鉄工業株式会社の作業員宿舎が火災に見舞われ、宿舎内にいた3人の社員のうち、二人が逃げ遅れて死亡した。当時、東鉄工業は空港公団から工事を請け負っていたが、工事の内容は空港への燃料輸送パイプライン管理道路の陸橋敷設であり、成田空港二期工事の中核をなすものとは程遠かった。また犠牲となった二人も工事に従事する作業員であり、過激派が標的とするにはあまりにも筋違いであった。この事件は、三里塚闘争で民間人が犠牲となった最初の事件であった。

1990年4月12日、鎌倉市の日本飛行機株式会社専務宅で火災が発生した。専務は消防への通報の依頼のため、炎の中を家の外に出たが、逃げ遅れた夫人は焼死した。以前から、過激派による相次ぐ放火で家族などが巻き込まれることが危惧されていたが、遂にそれが深刻な現実となった。専務宅には、時限発火装置による爆弾が玄関近くの軒下のみならず、退路を断つ形で勝手口付近にも仕掛けられており、何故ここまでやるのかと、激しい怒りと哀しみを感じさせる事件であった。日本飛行機は、防衛庁に航空機部品を納入する会社で、成田とは何の関係もなかった。

中核派を中心とする過激派の目的は、成田の二期工事を進める関係者の士気を下げることにあったと思われるが、攻撃対象は個人、しかも狙いやすさを考えてか、幹部でもない一般職員や成田空港との関係が極めて薄い者ばかりであり、このゲリラ行動は、過激派にとって、およそその自分勝手な目的にさえ合致するものではなかった。このように何の意味も持たない闘争を殺人まで犯しながら遂行することは、暴挙であるとともにこれ以上ない愚挙であり、過激派自身にとっても自分たちの闘争の意義を自ら減殺、否定していくものに他ならなかった。かくも愚かな行為の前に命を落とした方たちの無念がいかばかりのものか、当時この蛮行に手を染めた人間たちはそのことを深く心にとどめると共に、自分たちの行為が償おうとしても償うことのできない許されざるものであることを強く自覚すべきである。

1988年9月21日、また中核派によって驚愕すべき事件が引き起こされた。千葉県収用委員会の委員長である小川彰弁護士が襲撃され、瀕死の重傷を負ったのである。

B滑走路や第2旅客ターミナルビルの予定地を含む二期工事区域には、任意の売買では取得できていない未買収地が多く残されており、これらを収用するには、千葉県収用委員会の手続きを必要とした。中核派は、千葉県収用委員会を機能不全に陥らせることによって二期工事を妨害することを計画し、その手段として委員への個人攻撃を選択した。

事件当日の午後7時頃、小川委員長の自宅付近で待ち伏せをしていた中核派数名が帰宅してきた委員長を取り囲み、委員長を鉄パイプ等で執拗に殴打し、瀕死の状態に陥らせた。病院に搬送された委員長は一命こそとりとめたものの、両足下腿部や両肘部を複雑骨折する重傷だった。この後、中核派は「農民殺しの収用委員会委員長に鉄槌」との犯行声明を出すとともに、その他の委員に対する脅迫などを開始した。この結果、10月24日には、収用委員全員が沼田千葉県知事に辞表を提出し、その後千葉県知事は後任を選任しないままこの辞表を受理し、千葉県では収用委員会が機能しない状態となった。

小川委員長は弁護士としても人権派であり、用地買収のために代執行等の強硬手段を希望する新東京国際空港公団に対しても、話し合い解決を目指すべきと苦言を呈するなど穏健な態度を貫いていた。中核派にとってその標的にするのには全く筋違いの人物であり、それ以前に、いかなる目的のもとであれ、人間の身体生命に危害を加えるような行為は正当化されるものではなかった。小川委員長は手術やリハビリテーションを経ても後遺症が残り、杖を使っても数百m歩くのがやっという状態であった。後遺症に苦しみながらも成田空港の整備は見守り続け、2002年の暫定滑走路供用の際も感慨深げであったが、翌2003年2月に亡くなった。厳しい後遺症による著しい体調不良を苦にしての自殺だったと言われている。国土交通省航空局は、責任感が強く、委員長としての職責を誠意を持って遂行してくれた小川委員長に深く感謝すると共に、過激派の暴力行為に巻き込まれてしまったことには申し訳ない気持ちで一杯であり、ご逝去の報に、職員は深い悲しみと共に合掌した。

千葉県収用委員会には小川委員長以外に6名の収用委員と2名の予備委員がいたが、これらの委員に対する中核派の攻撃も悪質かつ陰湿だった。委員長襲撃後も、委員宅にこの次はケガでは済まさないことや委員をやめないと家族にも被害が及ぶことなどを示唆する手紙を送ったり、電話をかけたりしたほか、委員宅に救急車や葬儀屋を行かせるなどの嫌がらせ、時限発火装置による爆弾での家屋の放火などを行った。この結果、当初は「暴力には屈しない」と毅然たる態度でいた収用委員も、辞表提出のやむなきに至り、辞任後の記者会見では、夫人がノイローゼで入院するなど家族にも影響が出ていることを明らかにし、「疲労困憊その職に耐えずの心境だ」と無念の思いを語った。目的達成のためには手段を選ばない中核派の行動であったが、これらの脅迫その他の犯罪行為は人間の行動としての域を逸脱したものであった。

結果として、収用委員会の機能不全という自分たちの目論見を実現した中核派であったが、その後も執拗に千葉県議会関係者や元収用委員宅への放火などいやがらせを続けた。

平和的解決路線　―暫定平行滑走路開設へ―

二期工事の推進が困難を極める中、反対同盟の中にも話し合いによる解決を目指す動きがみられるようになる。１９８９年には、熱田派、北原派、小川派という三つの派閥からなる反対同盟のうちの熱田派と運輸大臣江藤隆美との間で公開質問状のやりとりが行われ、１９９０年1月30日には、江藤大臣が、現役大臣としては初めて成田の現地を訪れて熱田派との直接対話を実施した。１９９０年11月には、村山元英千葉大教授と地域の有志らが中心となって、地域振興連絡協議会を設置し、公開討論によるシンポジウム開催を目指すこととした。

このような平和的解決への移行は、成田闘争の意義を失わせたくないという地元農民の切なる願いに基づくものだった。成田の農民にとって、空港建設の決定はまさに寝耳に水であった。多くの農民は今までどおりの平穏な生活を営み続けたい一心であり、更に一部の農民は、いくら手厚い補償を受けても自分が手塩にかけた土地を手放したくないという気持ちを捨てることはできなかった。彼らにしてみれば、その気持ちを踏みにじられることは到底耐えられるものではなく、その結果、空港建設反対運動に身を投じることとなった。しかし、国家権力の壁はあまりにも厚く、闘争に疲れ果てる者も続出した。やがては、置かれる立場の違いから派閥が形成され、同じ村落が分裂することにもなった。更に不幸だったのは、それぞれの派閥を異なるセクトが支援することとなった結果、イデオロギーの対立にまで発展し、相互の中傷や小競り合いに加えて、暴力事件まで引き起こされることとなった。平和的解決に向かう決断は、このままでは自分たちの長年の闘いは意味のないものになってしまうと考えた農民たちが、究極の選択として、話し合いによる解決に自分たちの闘争の意義を昇華させようとした結果であった。

一方で、北原派とそれを支持する中核派等の過激派は、「国と話し合う連中は許さない」、「三里塚闘争の裏切り行為を人民の鉄槌によって処断する」などと主張した。このような中で、あくまで話し合いによる解決を模索する熱田派は、反対同盟がシンポジウムに参加するために絶対譲れない条件として、強制収用の放棄、公正な議論などを提示し、政府は、その誠意と労苦に応えるべく、この条件を受け入れて、強制的手段を取らないことを確約した。長い間政府の強硬路線を経験してきた反対派は、政府によるこの条件容認を驚きをもって受け止めた。

成田空港問題シンポジウムは、1991年11月から1993年5月まで計15回にわたって開催された。シンポジウムは隅谷三喜男東大名誉教授ほか4名からなる隅谷調査団が主宰し、反対同盟、運輸省、空港公団、千葉県が参加した。最終の第15回において、隅谷調査団は、「成田空港問題シンポジウムの終結にあたって」と題する所見を発表し、次の3項目を提示した。

○国側による土地収用裁決申請の取り下げ
○二期工事・B・C滑走路建設計画の白紙化
○今後の成田空港問題の解決に当たっての「新しい場」の設置を期待

これらは、反対同盟がシンポジウムに参加するために提示した条件を基本的に踏襲するものであった。

隅谷調査団が提示した3項目の「解決に当たっての新しい場」として成田空港問題円卓会議が設置された。円卓会議はシンポジウムに引き続き隅谷調査団が主宰し、反対同盟、運輸省、空港公団、千葉県、成田市、芝山町、多古町に加えて若干名の地元民間人代表が構成員となった。円卓会議は、1993年9月から1994年10月まで12回にわたって開催され、最終回の第12回において、隅谷調査団の最終所見「成田空港問題円卓会議終結に当たって」として以下が発表された。

○対立構造の解消を強く期待
○共生懇談会（仮称）の設置
○地球的課題の実験村の設置のための検討開始
○B滑走路のための用地の取得に、あらゆる意味で強制的手段が用いられてはならず、あくまでも話し合いにより解決されなければならないこと
○平行滑走路が完成した時点で、横風滑走路については環境への影響などを調査した上で改めて提案を行うこととし、その際には関係する地域社会と十分話し合いを重ね、その賛意を得て進めること
○航空機騒音問題及び落下物対策について、国の約束した各対策及び取り組みを確実に実施す

ること
○地域振興策について、国や県はそのために必要な措置を講ずるよう努力すること
隅谷教授は、「共生とは立場の違うものが集まって一つの方向を見出していくこと。従来の不信感をも乗り越えて、新しい明るい空港と地域の展開を希望します」といった趣旨のことを述べたのち、円卓会議を締めくくった。

円卓会議の決定事項の一つである共生懇談会（仮称）は、成田空港地域共生委員会という名称で、1994年12月10日に設置された。この委員会は、空港の整備・運用によって空港からマイナスの影響を受ける地域及び地域住民のために、円卓会議が合意した事項が的確に実施されているかの点検を行うための第三者機関で、その目的は、空港の建設及び運用に関する民主的手続きの確保と地球環境の改善を図り、空港と地域の共生の実現に資することであった。委員会は、隅谷調査団2名、地域住民6名、自治体4名の12名で構成され、2001年1月からは地域委員が増員されて16名となった。

1996年8月20日、運輸省は、共生委員会から、空港整備、地域整備の全体像とそれを具体化する手順を明示するようにとの要請を受け、12月11日、地域からの意見、要望を踏まえた「今後の成田空港と地域との共生、空港整備、地域整備に関する基本的考え方」を発表した。この「基本的考え方」の中には、共生策、地域づくり、空港づくりを三位一体のものとして進

めていくこと、地域との共生の観点を十分踏まえて２０００年度完成を目標として平行滑走路等の整備を進めていくことが示され、また次のステップとして、飛行コースを含む成田空港の全体像とその整備の手順をとりまとめていくことが約束されていた。

１９９８年7月15日、運輸省は、「基本的考え方」に示した施策の具体化の状況にも触れながら、２０００年度を目標とする平行滑走路の供用を含む成田空港整備の全体像と手順を取りまとめ、これを「地域と共生する空港づくり大綱」として地元に提案した。その後、運輸省と新東京国際空港公団は、50を超える市町村や市町村議会、住民団体等への説明を始めとして延べ１００回以上の意見交換を行い、それらを通じて提出された意見を反映させて、この共生大綱の一部を修正し、新たな共生大綱を12月16日に取りまとめた。

このような国と地域との歩み寄りを背景に、シンポジウム、円卓会議前は空港反対の立場を維持していた農民も、二期工事のための周囲への移転に応じるようになっていった。熱田派とは一線を画し、シンポジウム、円卓会議に参加していなかった小川派の代表の小川嘉吉らも自らの行政訴訟を取り下げ、空港公団と土地売却契約を締結し、成田空港反対活動を終了した。このように、相互理解を深めるためのシンポジウム、円卓会議以来の地道な努力が実を結び、遂に２００２年4月、暫定平行滑走路が供用開始となった。

１９７８年5月の開港から24年後に実現した2本目の滑走路のオープンは、まさに「第2の開港」と呼ぶにふさわしい画期的なものだった。成田空港の発着回数は13万5千回から20万回に増加し、長年にわたる大きな課題であった首都圏の空港能力の制約も、十分とは言えないながら、これによって一定の緩和を見ることになった。

しかし、この平行滑走路は、暫定という言葉の示すとおり、この時点では不完全なものであった。この滑走路の南端には、一軒の農家があって生活を営んでいることから、滑走路の位置を当初の計画よりも825m北へずらさざるを得なくなり、その結果、滑走路北端周辺の部分に未整備の区域が残った。このため、本来計画されていた2500mの滑走路長が確保できず、2180mという中途半端な長さでの供用となった。航空機の中には、滑走路が2500mあれば使用可能でも2180mでは使用が困難というものもあるため、この暫定滑走路の活用には一定の制約があった。小型機であれば問題はないが、ボーイング747型（ジャンボ機）のような大型機は使用できず、中型機の場合、機種によっては着陸はできるが、より長い滑走を必要とする離陸はできないため、離陸はA滑走路、着陸はB滑走路とするなどの工夫をしなくてはならなかった。

また、空港用地内には、B滑走路の西側に未買収地があり、これによって滑走路と並行する誘導路が「への字」に湾曲した。滑走路と誘導路の間隔が最も狭くなった部分においては、滑走路を走行する航空機の主翼と誘導路を走行する航空機の主翼がすれ違いの際に十分な間隔が確保できず、このために、航空機の発着のインターバルを開ける必要が生じた。その結果とし

成田暫定平行滑走路供用開始

区分	現在	完成時
滑走路	4,000m　1本 2,180m　1本 （暫定平行滑走路）	4,000m　1本 2,500m　1本 3,200m　1本
年間処理能力	発着回数 20万回（※）	
旅客ターミナルビル	第1旅客ターミナルビル 第2旅客ターミナルビル	第1旅客ターミナルビル 第2旅客ターミナルビル

（※）円卓会議の結論として平行滑走路の供用開始時における飛行回数は20万回を限度とし、その後の回数増加は地元と協議することとなっている。

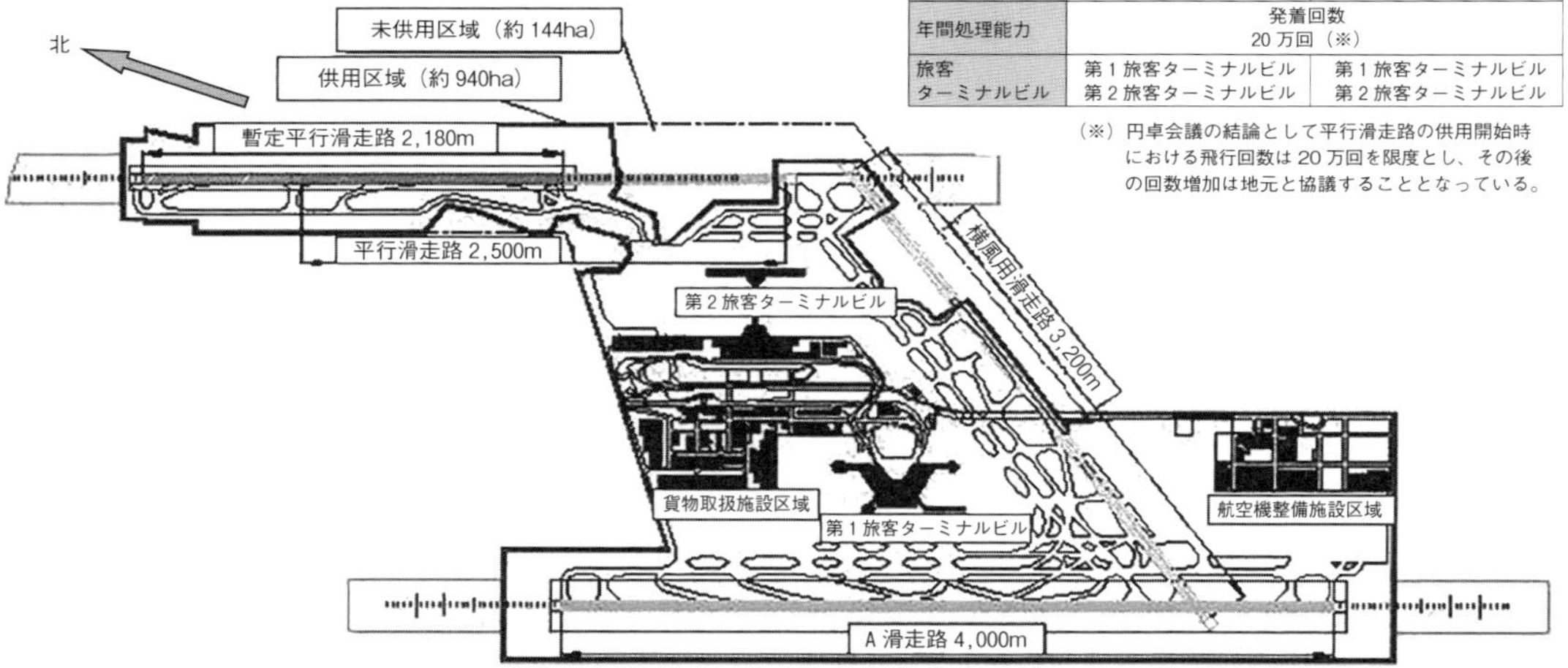

出典：平成16年度『国土交通白書』より

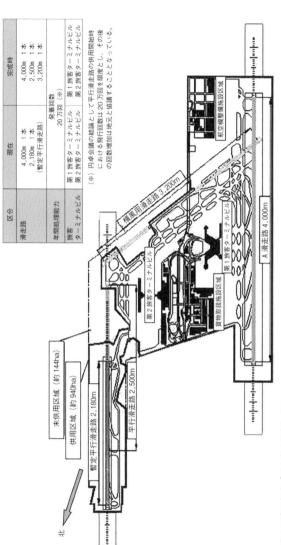

て、1時間あたりの発着回数は、A滑走路が32回であるのに対して、B滑走路は14回に制限されることとなった。

こうして不完全な形でスタートした平行滑走路であるが、これが北側に延伸され、本来の2500mの姿となるのは7年半後のことであった。

第二章

羽田—金浦（韓国・ソウル）便

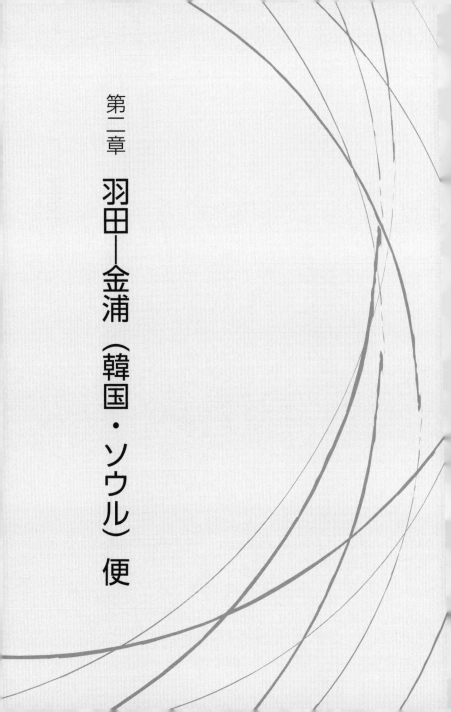

◆ 仁川《インチョン》国際空港

成田空港の2本目の滑走路の開設に時間がかかっている中で、韓国ではソウルに二つ目の空港が登場する。2001年3月29日に開港した仁川国際空港である。4000m滑走路1本、3750m滑走路2本（開港当時）を擁する大空港であり、ソウル市中心からは47km離れていて、成田空港同様やや遠隔にあるが、後に整備された鉄道によりソウル駅までノンストップで43分なので、アクセスの利便性は確保されている。また仁川空港駅から金浦空港駅までも37分で、これは成田空港―羽田空港間と比較して、相互への移動がはるかに容易である。

仁川空港が開港するまで、ソウル発着の国際線は一手に金浦空港が担ってきた。金浦空港はソウル市内にあり、位置的に極めて至便であることから、金浦と仁川の関係は、何かにつけて羽田と成田の関係と比較される。仁川国際空港の建設が決定される背景事情も、かつての羽田空港の場合と同様、金浦空港に能力的限界が見えてきたことであった。1980年代から既に金浦空港の航空需要は旺盛であり、20世紀中には空港能力の大幅な拡大が必須と考えられた。実際に、1995年には、金浦空港の利用者は3000万人を超え、ニューヨークのジョン・F・ケネディ空港、パリのシャルル・ドゴール空港を抜き、アジアでも成田空港に次いで第2位の国際空港となるが、この需要の伸びは80年代に立てた予想を更に上回るものであった。

ソウル圏の航空需要の増大への対処は、金浦空港の拡張によって行うのか、新しい空港の建

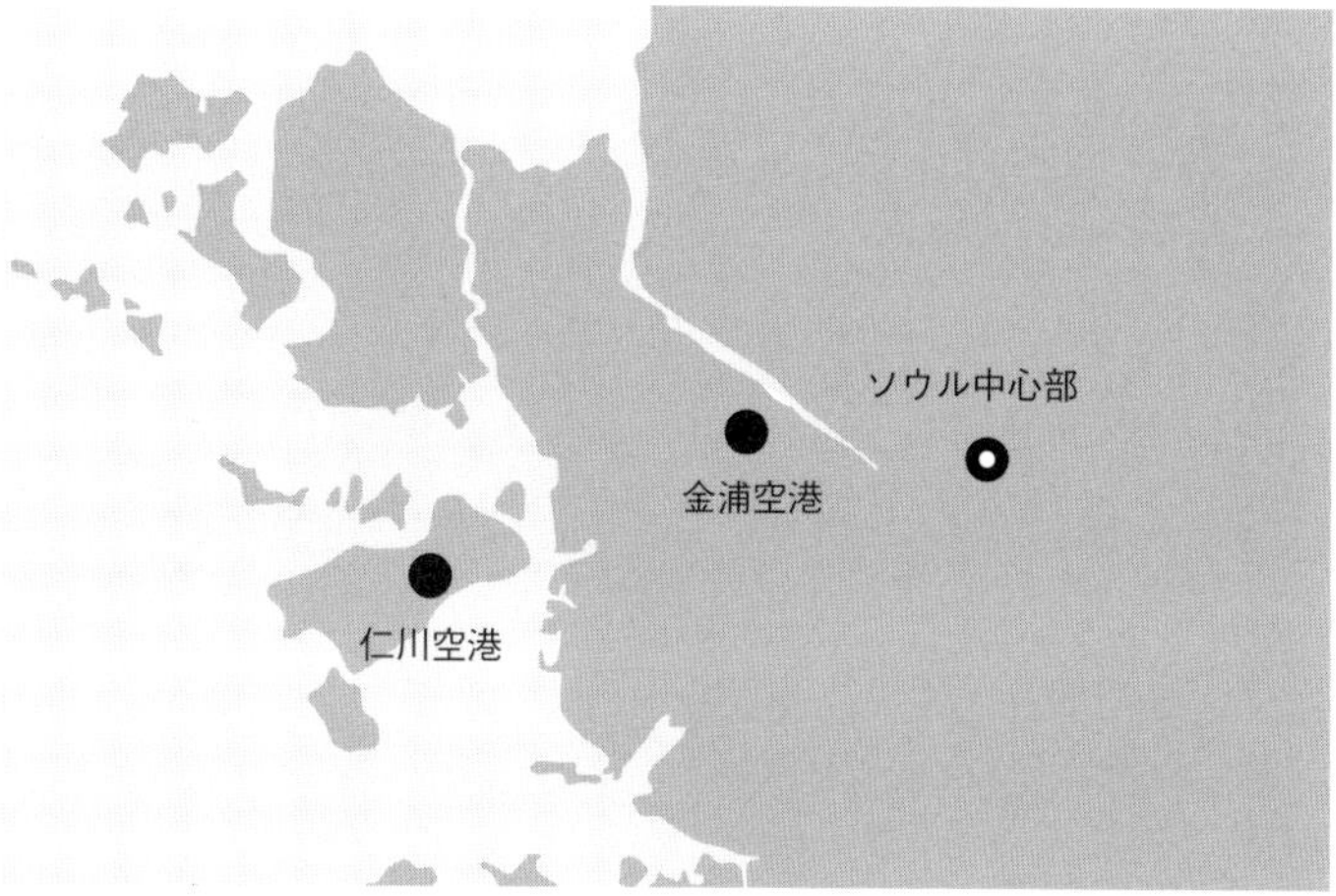

設によって行うのか議論は重ねられたが、新空港建設には財源調達という大きな問題はあるものの、一方で金浦空港は周辺の環境問題から考えて大規模拡張は到底無理であったことから、結局、1989年1月、新空港建設が政府の方針として決定された。この種の事業の実施に当たって、韓国が日本の例から学ぶことはよくあるが、この新空港については、当時建設中の関西国際空港が参考とされた。新空港の建設地は、いくつかの候補地についての厳密な調査の後、仁川広域市中区の永宗島及び龍遊島の干潟一帯となるが、この位置決定は、伊丹空港での騒音問題を経験した日本が海上に空港を建設していることに倣い、金浦においても深刻になっている騒音問題が新空港周辺で生じることがないように、仁川市沖の島を開発して空港をつくるべきと判断したことに基づくものであった。この島の干潟地は水深が1mで、平均水

深18ｍの関西空港とはおよそ比較にならないほど浅く、更に関西空港と異なって海底の軟弱地盤の厚さも平均５ｍに過ぎないことから、敷地造成が容易であり、建設コストの面で関西国際空港よりもはるかに優れていた。また、この一帯は小さい島々に囲まれていて暴風や風浪の影響を受けにくいこと、視程距離１０００ｍ未満の霧の発生日数が年平均39日に過ぎず、霧の持続時間も短いなど気象的にもめぐまれていることなどのメリットもあった。

金浦空港と新空港の役割分担は、羽田と成田の場合と異なり、新空港建設段階では明確にされず、建設実施中もまだ議論が行われていた。日本の国土交通省に該当する建設交通部が「仁川空港は国際線、金浦空港は国内線」と主張したのに対して、日本の財務省に該当する財政経済院は「仁川空港は長距離国際線、金浦空港は短距離国際線と国内線」と主張して双方譲らず、一時は財政経済院の意見が有力であったが、結果として、決め手になったのは、乗り換え旅客であった。一般的に大都市の空港の場合は、他の国からその空港に飛来し、入国しないで他の外国に向かうトランジット客が相当数いるが、金浦の場合は、その比率が16～18％であり、成田や他のアジアの主要空港が10％程度であるのに比較して著しく高かった。韓国の空港が諸外国の空港以上に多くの国際線旅客を取り込むことによって、国際空港としての機能をより良く発揮していくことを目指す上でこれは看過できない数字であり、国際線を一つの空港に集中させる大きな動機となった。

「ハブ空港」という言葉がよく使われるが、ハブ空港の定義には明確なものがない。一般的には国際線も国内線も多くの便数が運航されていて、その空港を中心に放射状に路線が展開されている空港がハブ空港と考えられている。一方で、米国におけるハブ空港の概念はこれとはやや趣を異にする。米国ではよく「この空港はどこの航空会社のハブか」という言葉を聞く。米国のように広大な国内市場を持った国において特有のことかもしれないが、米国では、特定の航空会社がその空港をハブとして使うことによって、初めてその空港はハブ空港と呼ばれる。

私は90年代にワシントンDCに駐在していたが、ワシントンのダレス空港はユナイテッド航空のハブであり、かなりの便数がユナイテッド便であった。一方コロラド州のデンバー空港もユナイテッドのハブであり、この2つの空港を結ぶワシントン─デンバー便はほぼユナイテッドの独占であった。私がいた当時は、ワシントンからラスベガスへの直行便がなく、この2地点間を移動する旅客はデンバーで乗り換える必要があったが、デンバー─ラスベガスもユナイテッドは相当な便数を飛ばしているため、どの時間帯であってもデンバーでの接続は良好であり、このワシントン─ラスベガス間の移動は極めてスムーズであった。もともと、ワシントン─デンバー、デンバー─ラスベガスはそれぞれ2地点間の需要も高いところに、このような乗り継ぎ客もオントップできるのであるから、当然ロードファクター（搭乗率）は更に上がり、収益も向上する。加えてデンバーのようなハブ空港にユナイテッドは機材を集中し、効率的に機材回しができるため、航空会社にとって極めて重要な機材コストを下げることもできる。ハブ空港を持つ強さはそこにあり、拠点としてのハブ空港を有することは、その航空会社の競争力を著しく高めることになる。

仁川空港について考えてみると、ソウルという地点が乗り継ぎ客にとって便利である以上、この旅客を韓国の航空会社が効率的に運べるようにすることは、とりも直さず、仁川空港が韓国の航空会社の競争力強化に貢献することになる。また、国際線用の機材を一つの空港に集中させることで、韓国の航空会社は機材コストの低減も図ることができる。一方、利用者サイドからしても、近距離と長距離の国際線を2つの空港で分け合った場合、近距離国際線で金浦に来て、入国審査の上、仁川まで移動し、そこで出国審査の上長距離国際線に乗ることになって、甚だ不便である。金浦に近距離国際線を残せば、国内線と近距離国際線の乗り継ぎは便利にはなるが、国際線を分けてしまうディメリットの方がはるかに大きいと考えられる。

このように、空港にハブ機能を持たせるべきとの考慮もあって、仁川国際空港の開港時にソウル発着の国際線はすべて金浦から仁川に移ることになるのであるが、これが後の羽田の再国際化に大きな影響を与えることになるのである。

◆FIFAワールドカップと日韓間航空輸送

仁川国際空港の開港から約1年後の2002年5月31日から6月30日まで日韓共催のＦＩＦ

Aワールドカップの開催が予定されていた。2000年の秋から、日本国内の関係省庁は準備を始め、航空局も韓国の航空当局と実務者間の打ち合わせ会議を重ねていた。日本も韓国も試合の開催場所は10か所に分かれており、日本の場合はそれが北海道から九州まで分散しているため、期間中の地域ごとの航空需要を綿密に分析して、旅行者のニーズに適確に対応する必要があった。日韓両国のワールドカップ組織委員会からは期間中の需要予測が提出されており、それによれば、日本と韓国の間では通常時の1・5倍以上の流動が予想されるとのことであった。一般的に大イベントがある場合は、混雑が予想されることから、通常の観光は手控えとなる傾向があり、その分を差し引く必要はあると考えられたが、それでも期間中かなりの需要増となるのは疑いないため、既存の定期便だけでは到底対応できず、相当数のチャーター便の運航が必須であった。羽田の場合は、昼間の時間帯は国内線でほぼ満杯であるため、チャーター便を受け入れる余地は限られていたが、成田の暫定平行滑走路が供用を開始した時点で、台湾の航空企業が成田に移転することになっており、その発着枠を活用することは可能であった。ただ、これでも十分とは言い難いため、期間中に限定して、一時的に国内線を減便する必要もあると考えられた。

2001年の暮れ、航空協議の際などに窓口になってもらっている在京の韓国大使館の方々と意見交換の機会があり、その場で、ワールドカップ期間中の航空輸送について韓国側から発言があった。

「今度のワールドカップは、二つの国の共催で開かれる初めての大会ですし、両国間を行き来する人の数も相当になると思いますので、この移動が円滑に行われる必要がありますね」

大使館にも実情を理解してもらうことは重要であるため、こちらからも、日本側の準備状況などを述べることにした。

「はい。日本国内の開催地は北海道から九州まで散らばっていますし、東京はもちろんですが、それぞれの地方都市への需要も現在のフライトで賄えるかどうかなどの分析をしています。当然ですが、今の定期便で不足する分はチャーター便で補うことになると思います。またこれは日韓間のことではありませんが、各国選手のキャンプ地も各都市に分散するので、いろいろな国からのこれらの都市への選手団の移動などについても、ＣＩＱの手配を含めて準備しています」

「とても大切な点ですね。ところで、大会期間中、ソウルの金浦空港と東京の羽田空港の間でシャトル便を運航するというのは如何でしょうか」

随分唐突な提案であったが、一応趣旨の明確化を求めることにした。

「羽田の場合は、今も国内線で満杯の状態ですが、できる限り発着枠を捻出して、日韓間のチャーター便にあてたいと思っています。期間中に限り、一部の国内線を減便してそのチャーター便にあてる必要もあると思っています。ところで、そのシャトル便というのはどのようなものでしょうか。かなりの頻度でチャーター便を飛ばすというイメージでしょうか」

「韓国の場合は、人口の半分近い2000万人がソウルとその周辺に住んでいます。ですから、ソウルの中でも便利な金浦空港と、東京でも便利な羽田空港との間にシャトル便を飛ばせば、旅客のスムーズな移動に役立つと思うのです」

「そのシャトル便というのは、あくまでワールドカップ観戦の旅客を運ぶチャーター便であって、便数はある程度多く飛ばすのでしょうが、定期的に運航されて誰でも好きな時に乗れるというようなものではありませんね」

「はい。あくまでシャトル便であって、定期便ではありません」

韓国大使館の方々は外交官であり、日本語の航空専門用語に精通されているわけではないので、内容が不明確な会話になったが、シャトル便と言えば予約なしで乗れる高頻度の定期便のことなので、それが羽田で認められる余地はなかった。今回の羽田―金浦間の航空便はワールドカップ期間中に限定したものであるので、仮に高頻度で運航されたとしても、成田の関係者がこれを特に問題にするとは思われなかったが、少なくとも運航される便はあくまで純粋なチャーター便であることは日韓間で明確にしておく必要があると思われた。

一般的に国際線の場合、定期便については、二国間航空協定に基づいて航空当局間協議の場でどの路線を何便運航するかについて合意がなされ、その後指定された航空企業が両航空当局の認可を得て、その路線を運航することが可能になる。一方で、チャーター便については、航空当局間合意の必要はなく、航空協定を締結していない国への運航も可能であるが、その代わり、一件一件ごと、その国の当局の許可を得る必要がある。

国際航空の世界では、航空需要は定期便によって賄われるのが原則であり、チャーター便はあくまで定期便を補完するものという位置づけである。従って、チャーター便が頻繁に運航されることなどによって、定期便が影響を受けないようにすることがチャーター便の許可にあたって考慮すべき重要事項とされてきた。そのような視点から、チャーターの類型は以下の3つとなっている。

① 包括旅行チャーターといい、旅行会社が宿泊も含めたツアーで航空機を貸切るパターンで、一般的にチャーターはこの類型がほとんど

② オウンユースチャーターといい、個人または法人が自ら利用するパターン

③ アフィニティーチャーターといい、特定の団体が親善や交流などの目的で移動するのに利用するパターンで、修学旅行などで貸切る例が典型的

チャーター便がこれらの類型に限定される結果、航空会社がチャーター便を飛ばすことを決めて、この便に乗りたい方はどうぞという形で個人客を集めるというやり方は認められない。よく「チャーター便で行く○○への旅」という広告を目にすることがあるが、これは旅行会社が募集するパッケージツアーである。一般にパッケージツアーに参加する人は、それが定期便を利用したものかチャーター便を利用したものかにこだわりはなく、単に旅行会社に手配をお

願いするだけなのでその2つについて区別を認識することはない。ただ、航空会社が直接チャーター便の切符を売ることはなく、チャーター便の切符は必ず旅行会社のパッケージツアーに組み込まれていることを考えると、チャーター便が限定された類型のものだけに認められていることが理解できる。

またチャーター便の場合は、特定の目的地に行って旅客を下ろした後はフェリーという「から」の便で帰ってきて、またフェリーでその客を迎えにいくことになるため、単価が決して安くない場合もある。このため、一定のツアー客が見込める場合は、その目的地に複数の包括旅行チャーターを飛ばし、1便目こそフェリーで帰ってくるが、2便目以降は前の便で行っていた旅客を目的地で乗せて帰ってくるプログラムチャーターと呼ばれるやり方で単価をおさえることもある。ただしこの場合も、あまり長期にわたるもので、定期便と相対化するようなものであってはならないとされてきた。いずれにしても、例えば週2、3便程度であっても、需要がコンスタントに望める場合は、航空会社は定期便としての運航を検討することになるし、チャーター便はあくまで臨時的な需要に応えるものという域を出ない。なお、チャーター便は発着枠さえあればいずれの空港でも個別の許可ベースで運航できるため、羽田空港においても、ワールドカップ前から、発着枠に余裕のある深夜早朝の時間帯を活用してのチャーター便は韓国便を中心に実施されていた。

次に韓国大使館が用いた「シャトル便」という言葉であるが、これは当時の日本でこそ耳慣れないものであったが、米国では古くからこのシャトル便が主要都市間で運航されていた。例えば、ワシントンの国内線用の空港であるナショナル空港（現在の正式名称は、ロナルドレーガン空港）にはシャトル便専用のターミナルがあり、ボストンとニューヨークにシャトル便が運航されていた。私はニューヨーク便を利用したことがあるが、行先の空港はニューヨークにある3つの空港のうち、最もマンハッタンに近いラガーディアであった。毎時00分にUSエア、毎時30分にデルタ航空の便があり、予約もいらないので、ターミナルに行けばすぐに直近の便に乗れた。座席の指定もない自由席で、まさに列車やバスの感覚であったが、とにかく5分前でも乗れる便利さは、特にビジネスマンには最適であった。シャトル便である以上、行ったら満席で乗れないということでは意味がないため、座席数に余裕を持たせる必要があることから当然運賃は高く、同じナショナル空港の別のターミナルから予約で乗るジョン・F・ケネディ空港行が80ドルだったのに対して、シャトル便は140ドルであった。

日韓航空当局間の実務者打合わせの場でも、韓国側から東京―ソウル間のシャトル便の運航について提案されたことはあったが、これは羽田を使用してのものではなかった。成田―ソウル（ソウルにおける使用空港は打ち合わせ時は金浦、ワールドカップ期間中は仁川）間は日本航空、全日空、大韓航空、アシアナ航空の4社が定期便の運航を行っていたが、韓国側のアイディアは、ワールドカップ期間中、東京―ソウルの切符を持っていれば、日韓4社のどの会社のどの便でも自由に乗れるようにするというイメージのものだった。これは制度的には問題はないが、チャーター便まで出して需要を賄おうとしている東京―ソウル間でそれを導入しても、空港に行ったら直近の便は満杯で乗れない、次の便も満杯で乗れないという事態が想定され、混乱を招くだけで意味がないということになり、この提案は実現しなかった。

このように通常の定期便以上に利便性の高い定期便であるシャトル便が羽田で到底認められるわけはなく、韓国大使館は日韓ワールドカップを盛り上げる一アイディアとしてキャッチフレーズ的にシャトル便という言葉を使っただけであったと思われた。しかし、響きが良いせいか、当時の日本のメディアにも、ワールドカップ期間中羽田―金浦間で高頻度に運航されるチャーター便に関して、シャトル便という言葉を誤って用いた記事が散見されていた。

定期的チャーター便の誕生

羽田―金浦便は、ワールドカップ開会の5月31日の1週間前から閉会の6月30日の1週間後までの1か月半の間、相当な便数で実施された。すべて包括旅行チャーターとして許可され、乗客は大多数がワールドカップ観戦と宿泊などがセットになったツアーの旅客であったが、すべての便がほぼ満席という状態からして、規則違反の個札（パッケージ旅行に組み込まれないばら売りの切符）の旅客も相当数含まれているものと推測された。ソウル―東京のフライト時間は2時間半程度であり、それまでこの短いフライトのために、ソウル市内と仁川空港の間、都心と成田空港の間をそれぞれ2時間近くかかって移動していた旅客の多くは、至近の金浦空港、羽田空港を活用する便利さを痛感した。

この金浦―羽田チャーター便が大好評だったのに気を良くした韓国側は、ワールドカップ終了から間を置かず、金浦―羽田便を定期化したいと言い出した。韓国外務省は、韓国はソウルの国内線専用空港である金浦空港を日本にだけ開放し、日本は東京の国内線専用空港である羽田空港を韓国にだけに開放する、これほど日韓友好のシンボルとなり得るものはないと主張した。日本の外務省も、日本海呼称問題、竹島問題、歴史教科書問題などを抱え、日韓関係が必ずしも良好でない中での韓国側からのこの提案に飛びついた。韓国側は日韓議員連盟にも働きかけるなど大攻勢をかけ、官邸もこれを進めない理由は何もないと判断してゴーサインを出した。翌2003年6月には、金浦―羽田便は日韓首脳会談での合意事項となり、共同声明に「金浦空港―羽田空港間航空便の早期運航を推進する」ことが盛り込まれた。

この頃の日韓航空関係を見ると、日韓間の市場で韓国航空企業は圧倒的なシェアを誇っていた。まず、路線については、日本企業が東京、大阪、名古屋、福岡の4空港のみから韓国線を運航していたのに対して、韓国企業は日本の23都市とソウルを結んでいた。これは、韓国企業はソウルだけを拠点として日本の各地点への便を運航することができるのに対して、日本側が同様に日本国内の多数の空港からソウルに飛ぶためには、それぞれの空港に国際線の拠点を置かなくてはならないため、コスト的に対抗できないという構造的な問題に起因するものであったが、いずれにしても韓国企業は日本企業とは比較にならないほどの日韓間の航空ネットワークを形成していた。また、東京、大阪、名古屋、福岡についても、発着枠に制約のある東京こそ日韓双方の企業が同一の便数であったが、その他の3空港ではいずれも韓国企業が日本企業以上の便数を運航していた。中国において、中国政府の制限的な政策で自由な市場拡大ができない中、韓国の航空企業にとってこれだけの路線を展開している日本は抜きん出て最大のマーケットであり、その中でも需要の高い東京は、言うまでもなく最重要地点であった。金浦―羽田便は、発着枠の制約で成田への増便ができない韓国企業には悲願の東京への増便であり、しかも仁川―成田と比べて、その利便性から高運賃が期待できるのは間違いないことから、是が非でも実現したい路線であった。従って、ワールドカップ期間中の金浦―羽田のチャーター便の話を日本側が聞いた時点で、既に韓国企業がワールドカップ後に当該便を定期便化する提案を韓国政府筋にしていたのは想像に難くない。かつて韓国大使館が、意見交換の場で、羽田―金浦間でシャトル便を運航してはどうかと提案したのは、そのような背景によると考えるのもそれほど深読みでないのではという気がした。

韓国側の提案に始まり、日本側でも歓迎されて、日韓首脳合意ともなった金浦―羽田便であるが、矢面に立たされたのは国土交通省であった。韓国側からこの定期化の申し入れがあって以来、千葉県や成田の地元からは抗議が寄せられ、四者協議会の場でも説明を求められた。そ

羽田—金浦間航空便の運航について

2024/06/05 12:56　金浦－羽田間航空便の運航について

国土交通省 Ministry of Land, Infrastructure and Transport

金浦－羽田間航空便の運航について

Home

平成１５年１０月２４日
<問い合わせ先>
航空局監理部国際航空課
（内線48402、48425）
TEL：03-5253-8111(代表)

本年６月７日の日韓首脳会談における共同声明で「金浦－羽田間航空便の早期運航を推進する。」との事項が盛り込まれたことを受け、具体的な検討・調整を進めてきたが、下記のとおり金浦－羽田間の国際旅客チャーター便の運航を実施することとなった。

記

1. 運航便数：昼間時間帯（午前６時から午後２３時）に
　　一日最大４便まで（日韓それぞれ２便を想定）

2. 運航開始予定日：平成１５年１１月３０日

羽田空港における昼間時間帯の国際旅客チャーター便について

1. 便数

昼間時間帯 (6:00～23:00) に一日最大4便。

2. 相手側空港

以下の要件を共に満たすものを対象とする。

- 羽田から1,947km (羽田－石垣の距離) 以内の空港。
- 成田との間に定期便が就航していない空港 (韓国ソウルについては金浦)。
- 現在の深夜早朝時間帯の国際旅客チャーター便の運航について、一定の実績を有する都市にある空港（現在まで約８割がソウル－東京）。

3. チャーター類型

ITCを原則とする。但し、一定程度（1/2未満）まで個人客への販売を可能とする。

https://www.mlit.go.jp/kisha/kisha03/12/121024_.html　1/2

2024/06/05 12:56　金浦－羽田間航空便の運航について

＊ITCとは、地上手配 (宿泊等) とパッケージになった旅客チャーターをいう。

日本・韓国航空関係

1. 運航状況（２００３年夏期スケジュール）

旅客３６４便　貨物３０便　計３９４便（週あたり）

日本企業　：　日本航空、エアージャパン、日本貨物航空　（３社）
　　旅客９０便　貨物６便　計９６便
韓国企業　：　大韓航空、アシアナ航空　（２社）
　　旅客２４６便　貨物９便　計２５５便

（＊）東京－ソウル（旅客便）　週107便
日本航空21便、エアージャパン9便、大韓航空28便、アシアナ航空28便
ユナイテッド14便、ノースウェスト7便

2. 運航地点

	（日本国内地点）	（韓国国内地点）
日本企業	東京、大阪、名古屋、福岡、小松、広島　（６地点）	ソウル、釜山、済州（３地点）
韓国企業	東京、大阪、名古屋、福岡、札幌、青森、秋田、仙台、福島、新潟、富山、米子、岡山、広島、高松、松山、大分、長崎、鹿児島、那覇（２０地点）	ソウル、釜山、済州（３地点）

3. 輸送実績

７，１６８（千人）　（２００１年）

https://www.mlit.go.jp/kisha/kisha03/12/121024_.html　2/2

のたびに国土交通省は、国際線は成田、国内線は羽田という原則は堅持することを確約すると共に、それを前提としたこの便の取り扱いについて検討に検討を重ねた。その結果、２００３年10月24日に行った「羽田—金浦間航空便の運航について」のプレス発表の内容は、

「日韓首脳会談の共同声明を受け、金浦—羽田間の国際旅客チャーター便の運航を実施することとなった。運航便数は、昼間時間帯（午前6時から午後11時）に一日最大4便まで（日韓それぞれ2便を想定）、運航開始予定日は２００３年11月30日」

というものとなった。この発表の最大のポイントは、この羽田—金浦便はチャーター便であって、当初韓国側が申し入れてきた定期便ではないことを明確にした点である。運航する時間帯

が昼間時間帯の便であることを明示している理由は、成田空港にはカーフュー（離着陸制限）があり、23時から翌朝6時までは原則航空機の運航ができないため、羽田においてはこの成田のカーフューの時間帯を深夜早朝時間帯として従来から国際チャーター便を受け入れてきたが、今回のチャーター便は従来のものと異なり、昼間時間帯に運航するものとなるためである。また、一日4便（日韓それぞれ2便）としているのは、国際航空の場合は相互主義が原則で、自国企業が2便実施する場合は、相手国企業にも2便実施を認めるのが通例であり、日韓の場合は、日本側は日本航空と全日空、韓国側は大韓航空とアシアナ航空と運航予定会社が2社ずつであったことによる。

　また、このプレス発表では、「羽田空港における昼間時間帯の国際旅客チャーター便について」と題し、羽田におけるチャーター便実施の基準として以下が示された。

1．便数
　昼間時間帯（6：00～23：00）に一日最大4便

2．相手側空港
○羽田から1947km（羽田―石垣の距離）以内の空港
○成田との間に定期便が就航していない空港（韓国ソウルについては金浦）
○現在の深夜早朝時間帯の国際旅客チャーター便について、一定の実績を有する都市に

ある空港

3．チャーター類型

ＩＴＣを原則とする。ただし、一定程度（1／2未満）まで個人客への販売を可能にする。

「2．相手側空港」の基準の1番目は距離の基準であるが、羽田から最も距離のある国内線は石垣便であり、最も遠い国内線の地点と等距離又はそれより近くにある外国の地点であれば国内線専用の羽田空港から運航する合理性があるのではないかという苦しい理窟であった。空港からの路線の範囲を示す円は「ペリメーター」と呼ばれるが、羽田から1947㎞を半径にして描いたペリメーターによると、例えば中国の上海は入るが、北京は入らないことになる。後に自民党の先生方からは、「何故国交省はこんなバカなことをするのか。ペリメーター規制など直ちにやめろ」との意見が続出するが、これは規制ではなく、一種の目安であり、成田の関係者を説得する材料の一つに過ぎなかった。

2番目の基準は使用する空港が別という基準である。同じ東京―ソウルでも羽田からの行き先は金浦、成田からの行き先は仁川、異なった路線であり、ダブりはないという整理である。

3番目の基準は、チャーター便の実績に関するものである。従来から深夜早朝時間帯に羽田で一定数のチャーター便が実施されてきた路線であれば、昼間時間帯に定期的にチャーター便

羽田空港とアジアの近隣空港との位置関係

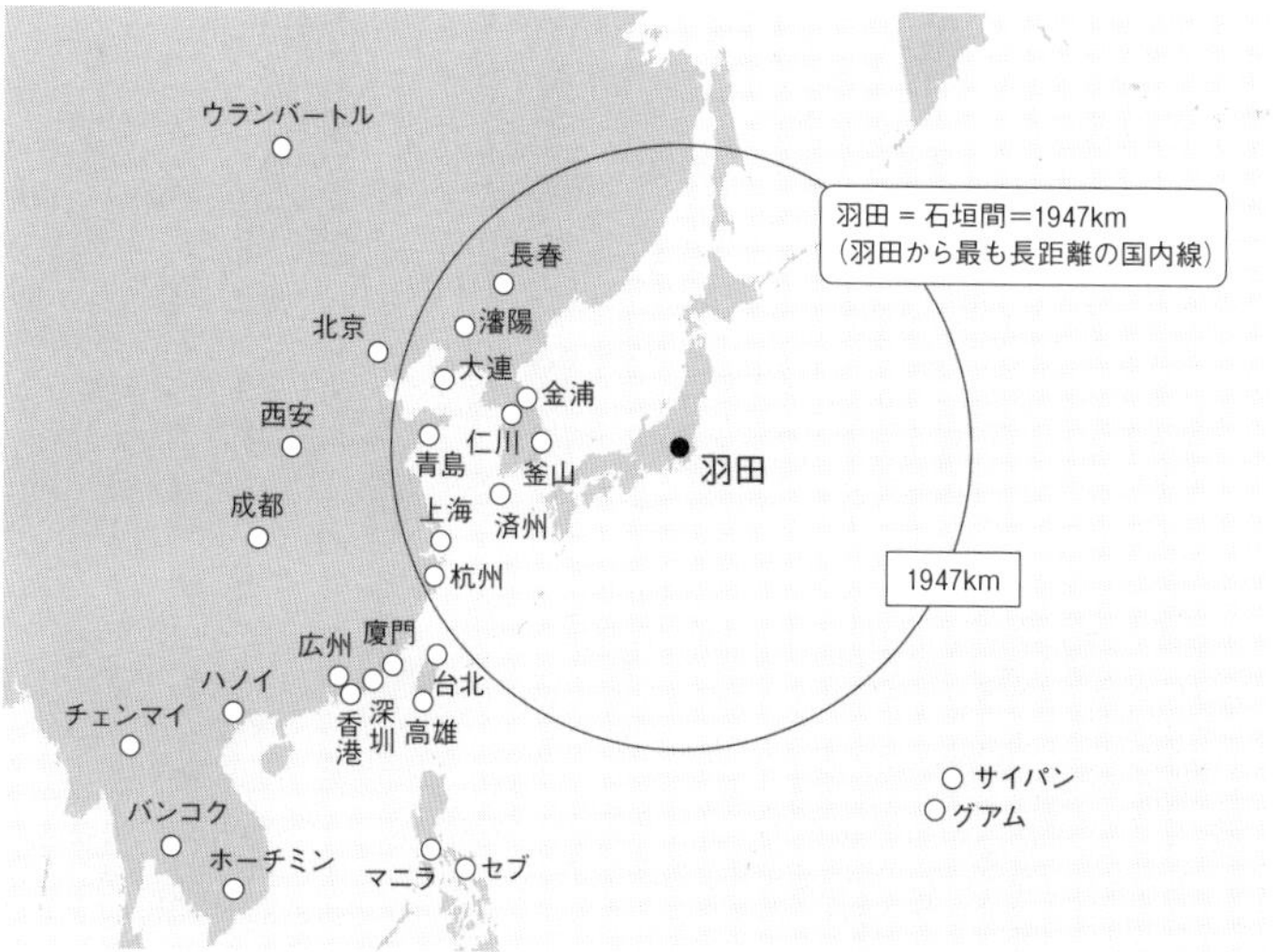

を実施することも正当化されるという考え方である。

これらの基準は、それぞれ単独では定期的に運航されるチャーター便を正当化する理由としては不十分であるにせよ、3つを合わせれば、羽田ではそう簡単に国際旅客チャーター便を拡大させていくことはできないと成田の関係者を納得させる最低限の線はクリアーするものであった。また同時に、航空局としても、この範囲のチャーター便であれば、成田の国際線に与える実質的な影響は皆無であり、国際線のために羽田の発着枠も有効に活用する観点からは、むしろこれを認める合理性はあると考えられた。

「3・チャーター類型」の部分では、ITC（Inclusive Tour Charter、包括旅行チャーター）を原則としながら、1／2未満まで個札の旅客を認めているが、これほど航空の原則と矛盾する形態はない。これは、成田と羽田のこれまでの役割分担を堅持するために、いくら定期的に運航されようと、この金浦―羽田便はあくまでチャーター便であると主張しながら、毎日定期的に運航する便をツアー客だけで埋めるのは到底不可能との考慮から個札の旅客との混在を認めたものである。おそらく個札の旅客を乗せることを認めたチャーター便というのは世界で初であったと思われる。

2003年11月30日、予定どおり、日本航空、全日空、大韓航空、アシアナ航空の4社は、金浦―羽田間で国際旅客チャーター便の運航を開始した。ダイヤは固定されており、利用者から見れば全く定期便と同じこの便は、定期的チャーター便と呼ばれた。乗っている乗客が、ツアー客であるかどうかはチェックのしようもなかったが、おそらくほとんどが個札の旅客であったと思われる。また、この定期便と寸分違わないチャーター便を羽田で運航させるための最大のネックは満杯の羽田における発着枠の確保であったが、成田の暫定平行滑走路供用開始時に成田に移転した中華航空とエバー航空の発着枠が、ワールドカップ開催後も国内線に配分されずに留保されていたため、羽田―金浦便開設に当たって、発着枠の問題は障害とはならなかった。このようにして、仁川国際空港の開港、ワールドカップの開催、成田の暫定平行滑走路開設、これに伴う中華航空とエバー航空の移転など種々のことが重なって実現した金浦―羽田便であるが、この便は、結果として、後に進められていく羽田の再国際化の第一歩となった。

第三章

羽田—虹橋《ホンチャオ》(中国・上海)便

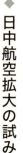

日中航空拡大の試み

2006年7月、日本と中国の航空当局間で、航空路線、運航便数などを拡大する大型合意がなされた。これは、中国の経済成長等に伴い、日中間の航空需要が著しく拡大してきており、航空企業の増便意欲も極めて旺盛であることを背景としたものであった。しかしながら、この合意をもってしても、両国間の需要増には短期的にしか対応できないというのが日本側の認識であった。中国では、2008年に北京オリンピック、2010年に万国博覧会とビッグイベントが計画されており、これらを契機として今後大きな需要の伸びが予想されることから、日中の航空関係においてもより自由な枠組みを構築して、航空関係の拡大を容易にしておく必要があった。当時、世界の国際航空は「オープンスカイ」と呼ばれる航空自由化の流れの中にあり、日本もこの時期は自由化に大きく舵を切りつつあったが、中国は、国際航空の分野では他の諸国と比較して制限的であり、直ちに自由化を進めていく姿勢ではなかった。このため、2006年7月の合意文書には、日中の航空市場拡大を実現したいとする日本側の強い希望により、日中双方とも今後更なる自由化に向けて協議を重ねていく旨が敢えて規定された。

戦後の国際航空は、1944年にシカゴで締結された多国間条約である国際民間航空条約と1946年に締結された米英航空協定をモデルとして各国が個別に締結していった二国間航空

従来型の二国間協定

（1）路線（航空協定付表）

日本側

日本国内地点	中間地点	相手国内地点	以遠地点
A	C	D	F
B		E	G

相手国側

相手国内地点	中間地点	日本国内地点	以遠地点
H	J	K	M
I		L	N

（2）輸送力（当局間合意）

機材係数（B747：2.0、B767：1.3、B737：1.0など）を用いて、路線ごとに何単位という形で設定。相互主義に基づき、日本側、相手国側とも同一の輸送力。

協定によって成り立ってきた。特に、航空会社が運航する路線、便数などは、二国間航空協定及びこの協定に基づいて両国間で開催される航空協議においてすべて決定されていた。

二国間航空協定の内容であるが、これはいずれの協定にも共通して、本文で両国が航空業務を実施する際に順守すべき事柄が述べられ、末尾の付表（annex）に運航できる地点が特定されていた（上の表参照）。例えば、日本とタイの航空協定では、日本側は、自国内地点（A）東京、（B）大阪、中間地点（C）香港、相手国内地点（D）バンコク、（E）チェンマイ、以遠地点（F）シンガポール、（G）デリー、タイ側は自国内地点（H）バンコク、（I）チェンマイ、中間地点（J）台北、相手国内地点（K）東京、（L）大阪、以遠地点（M）ホノルル、（N）ロサンゼルスという形で定められる。それぞれの地点の数は両国間の合意さえあれば何地点であっても構わないし、実際にそれらの地点を運航するかどうかは航空会社の自由である。言い換えれば、付表に地点を特定されることにより、航空会社はその地点間の運航が可能となり、逆に特定されていない地点には運航したくても運航できないことになる。また、すべてが二国間の合意のもとに決定される仕組みであるため、例えば、上記の例で、日本が香港を中間地点としたければ、香港当局と協議をして、日本—香港航空協定の付表上、以遠地点にバンコクを特定しなければならないし、シンガポールを以遠地点としたければ、シンガポールの航空当局と協議をして、日本—シンガポール航空協定の付表に中間地点としてバンコクを特定しなくてはならなかった。

次に路線が決まった後の便数であるが、これは二国間航空協議における両国の合意で決定される。この合意には相互主義が貫かれていて、例えば日本がタイの航空企業に東京—バンコク週7便を認めた場合は、タイも日本の航空企業に東京—バンコク週7便を認めることになる。ただし、この相互主義も、厳密には双方の便の数によってではなく、輸送力と呼ばれる提供座席数によって確保されるのが一般的であった。同じ週7便でも一方の国がボーイング737型機のような小型機材による週7便、もう一方の国がボーイング747型機のような大型機材による週7便では相互主義にもとるという発想である。この提供座席数に基づく相互主義のために機材係数という単位を表す数字が用いられる。上記の2006年7月の日中の合意文書にも機材の係数が規定されているが、その抜粋は次のとおりである。

2・0：B747、MD11（340席以上）、B777（340席以上）

1・7：MD11（300席以上340席未満）B777（300席以上340席未満）

A340－600

1・5：B747SP、L1011、DC10、MD11（300席未満）、B777（300席未満）

A340－300（300席未満）、A300－600R

1・3：B767－300

1・0：B767－200、A310－300、B757

0・9：B737－800、A321

0・7：B737－200、B737－300、A320

0・6：A319

0・5：B737－600、Bae146

このような機材係数を用いた合意内容は、日本とタイとのケースにあてはめると、例えば東京—バンコク、日本側及びタイ側双方14単位という形になる。この合意が成立することによって、2・0単位のボーイング747型機を使用しての週7便のデイリー運航が可能となる。理論的には1・0単位のボーイング757型機を使用すれば週14便のダブルデイリーが可能になるが、成田のような混雑空港では発着枠が確保できないため、このような小型機で多くの便数の運航を行うことはおよそ現実的ではない。実際に、暫定平行滑走路供用前の成田空港では、航空会社が大きな機材ばかりを投入するため、ボーイング747型機クラスの大型機が全航空機の8割近くを占めるという世界には稀な光景が展開されていた。なお、この輸送力も二国間で認め合った権益であり、その権益を行使するかしないかは航空会社の判断である。

先に韓国の航空企業がソウルと日本国内23都市を結んでいることに言及したが、日韓の航空関係全体を見ると、日本側23都市と韓国側のソウル、プサン、済州島の間に約50の路線があり、それぞれの路線ごとに輸送力何単位という設定がされていた。かつて、韓国企業が輸送力5・0単位に設定されていた路線を、1・0単位機材で週4便運航していたことがあり、これを1・3単位の機材に変更をしようとしたところ、5・0単位を0・2単位オーバーすることになって、当局間合意の変更の必要が生じた。さすがにこれだけのために当局間協議を開くというのは合理的でなく、当局間の書簡の交換による合意で済ませたが、何とも窮屈な仕組みであるのは、両者共に感じるところであった。

このように、路線及び便数ないし輸送力を二国間合意でここまで厳格に縛る仕組みの背景には、ナショナルフラッグキャリア（自国を代表する航空会社）を守らなくてはならないという各国共通の認識があった。戦後、長い間、国家安全保障上それぞれの国が航空会社を保有しておくべきというのは常識とされてきた。仮に、国際航空を通常の自由競争に委ねた場合には、競争力のない途上国の航空会社などは、強大な航空会社に駆逐され、存続できなくなってしまう。これを防ぐためには、政府間で協議を開いて、二国間の航空需要を分析し、供給過剰にならないよう、需要に見合った供給量を設定して、これを両国の航空企業が分け合うという仕組みが必要であった。提供座席数に応じて機材係数を決め、この路線の供給は何単位とすることが適正という方法が採用されてきたのもこのような考え方による。

このような二国間合意による規制を撤廃すべく登場したのがオープンスカイ協定である。この協定の下では、付表における地点の特定もなければ二国間での輸送力の取り決めも行われない。従って、オープンスカイとは、航空協定さえ締結すれば、どの航空会社がどの路線を何便飛ばすのも自由という枠組みである。ただし、空港の受け入れ能力は別問題であり、従来型の協定の下で特定地点に運航する権利を取得した航空会社であっても既にその地点の空港が満杯になっている場合は乗り入れることができないのと同様、オープンスカイ協定の下でも、当然ながら空港能力の制約は受けることになる。

このオープンスカイは１９９０年代半ばから米国が提唱し始めた政策であった。如何にも自由経済を標榜する米国らしい政策で、オープンスカイという言葉の響きの良さもあって、一般には好意的に受け止められた。しかしながら、これは、強大な航空会社を複数持つ米国にとって極めて有利な政策であり、実際、自分達を利したいと考える米航空企業の強い圧力によって米国政府がその導入に動き出したものであった。私も１９９０年代に運輸アタッシェ（運輸担当の外交官）として在米日本大使館に勤務していたが、当時の米国は、航空では自由競争を盛んに主張しつつ、海運、造船など自国に競争力のない分野では極めて保護主義的な政策をとっており、ご都合主義は明確であった。特に日本の場合は、長い間太平洋の市場で米企業の攻勢に苦心し、加えて以遠権の乱用によってアジアのマーケットまで米企業に席巻されてきた歴史があるため、この米国のオープンスカイの主張に対して、当初は否定的な対応をした。その日本も、国際航空の分野での自由化は大きな流れであることは認識しており、２０００年代の半ばから自由化に大きく舵を切っていった。韓国との間で事細かに決められていた輸送力の取り決めも２００８年には全廃され、空港能力の問題さえなければ、二国間での自由な運航ができるようになった。その後、成文の条約としてのオープンスカイ協定の締結のための交渉もかなりのハイペースで進められ、２０１０年10月の米国との間での合意を皮切りに、４、５年の間に主要国との間ではほぼ締結を完了した。

　中国に関して言えば、当時航空の分野での日本の相手国としては最も制限的であり、従来型の二国間協定の仕組みを堅持する姿勢に変更はなかった。ただし、中国との間では、韓国やその他の国との間のように路線ごとに輸送力を設定するという形ではなく、双方が使用できる自国内地点及び相手国内地点の数を決め、その数の範囲内で都市を選ぶことができ、輸送力についても、全体で何単位という決め方をして、その範囲内であればどの路線に何単位使っても良いこととされていた。因みに２００６年７月合意の時点では、双方自国内地点、相手国内地点ともに23、輸送力は全体で３５２単位まで使えることになっていた。また、これとは別に成田、北京、上海などの混雑空港については、使用できるスロット（発着枠）の上限が合意されていた。一般的にどの地点にどれだけの便を運航できるかは権益の問題であるので航空協議マターであったが、スロットは物理的にあいているかどうかの問題であって本来当局間合意になじむものではない。しかしながら中国との間では、中国側の意向もあって、航空協議の場で相手側に与えることのできるスロットの数についての議論が行われていた。

２００６年７月の合意の際、更なる自由化のために両国が協議を重ねていくことが合意されたが、日本側の最終目標は、地点、輸送力の枠を撤廃してオープンスカイを実現することであった。中国側が枠を撤廃して自由化に応じることは考えにくかったが、地点に関しては、既に日本の航空企業が運航するには十分と考えられる数で合意がされていたため、当面の課題は、輸送力の枠を大幅に広げ、実質的に自由な増便ができるようにすることであった。スロットについては、中国の場合、混雑空港において使用できる上限を決めても実際にその数が提供されないことが往々にしてあり、また、上限などが設定されていない空港においても、スロットがないことを理由に運航が認められないこともあるため、日本側にとってはこの問題の解決も課題であった。また、同一運賃の場合には、サービス面ではるかに勝る日本企業が中国人旅客にさえ好まれていることから、中国政府は、市場を拡大してもそれは日本側を利するだけという意識が強く、それが故に制限緩和には基本的に消極的であったため、中国との航空協議は楽ではなかった。

◆全日空の挑戦

このように、日中間の市場を少しでも開放的なものにしようという努力が重ねられている時期に、全日空から重要な提案があった。羽田と上海虹橋空港の間の定期的チャーター便の開設である。虹橋空港は上海市の中心から15kmの交通至便の場所に位置し、3400mと3300mの2本の平行滑走路を持つ空港である（左頁地図）。1923年に軍民共用空港として開港し、1964年に民間専用となった歴史のある空港であり、中国企業では中国民航、外国企業も日本航空、パンアメリカン航空など多数がこの空港から国際線の運航を行っていたが、1994年に上海浦東国際空港が開港してからは国内線専用空港になっていた。一方の浦東空港は、上海中心部から30kmとこちらもそれほど遠隔でない位置にあり、しかもリニアモーターカーで市の中心部まで8分で到達できるなど、アクセスは良好である。3400mから4000mの4本の滑走路を擁する巨大空港で、開港以来、上海発着の国際線を一手に担ってきた。虹橋空港が増大する航空需要を賄いきれず、また虹橋空港周辺は市街地で拡張が困難なため、長江の河口に面した浦東沿岸を開発して新空港を建設したという経緯も、金浦が満杯になって仁川を

虹橋―浦東地図

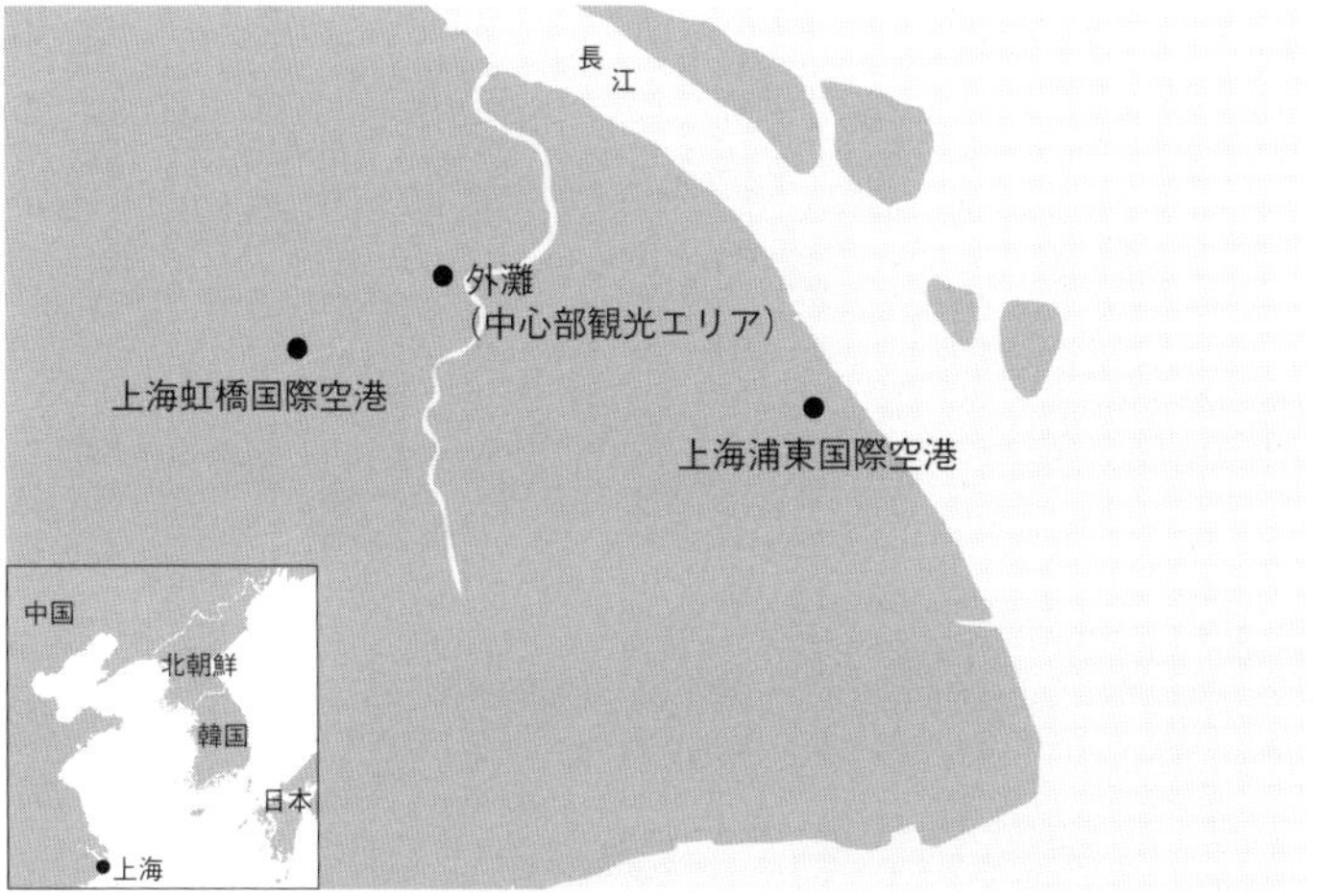

建設したソウルのケースと類似していた。
　羽田―虹橋便と聞いた際、すぐに頭に浮かんだのは羽田―金浦の際に定めた羽田からの定期的チャーター便の基準である。まず１９４７kmの距離の基準であるが、上海はこの範囲内にある。成田と路線をダブらせない基準についても、成田―浦東に対して羽田―虹橋であり、これも問題ない。虹橋から羽田へのチャーター便の実績はないが、これが大きな問題ともなりにくい。あとはＩＴＣの形を維持すれば、羽田―金浦便と同じ性格のものにはなる。成田の関係者からは相当な抗議、非難が予想されるが、金浦との比較など誠意をもって説明を行えば、何とか理解は得られそうである。しかし、あの制限的な姿勢の中国が国内線専用空港を日本に開放するとは到底思えない。実現性は限りなく低いのではない

か。話を聞いた時の直感はそうであった。

この時に、全日空は私にこう言った。

「全日空は将来にわたって国際線を広げていきたいと思っています。しかし、スロットの数からしてあれだけ日本航空に差をつけられている成田では、いくら頑張っても勝負ができないのです。羽田であれば、便の数はごく僅かであっても全日空は日本航空と対等に渡り合える。困難かもしれませんが、全日空にそのような機会を与えてもらえないでしょうか」

この言葉は強く私の心に響いた。


ここまでの全日空の国際線進出は苦難の歴史であった。高度経済成長期の1960年代から全日空は国際線への参入を計画していたが、1965年10月6日、運輸省の諮問に対し、航空審議会が「定期航空運送事業は国際線1社、国内線2社を適当とする」と答申したこともあり、国際線は日本航空1社というのが前提となっていた。1970年11月には、「今後の航空輸送の進展に即応した航空政策の基本方針について」という運輸政策審議会答申を受けて、「国際定期は、原則として日本航空が一元的に運営、近距離国際航空については、日本航空、全日空提携の下に余裕機材を活用して行う」との閣議了解がなされた。更に、この閣議了解を受けて、1972年7月1日、国内航空3社に対して以下の運輸大臣通達が示達された。

日本航空・・・・国内幹線、国際線の運航。国際航空貨物対策を行う

全日空・・・・・国内幹線及びローカル線の運航。近距離国際チャーターの充実を図る
東亜国内航空・・主に国内ローカル線を運航
この１９７０年（昭和45年）の閣議了解と１９７２年（昭和47年）の通達によって確立された体制は45／47体制と呼ばれ、以後10年の余堅持されることになる。
私は、１９７７年に運輸省に採用され、航空局国際課という国際航空担当部局に配属になったが、まさにこの45／47体制の下、国際線は日本航空１社の独占であった。当時の日本航空の国際業務室は室長の下に米州班、欧州班、アジア班、中近東班がおかれ、それぞれの班に担当次長以下数名の体制が組まれていたが、国際線を仕切るセクションだけあって、日本航空が誇る精鋭部隊だった。外国との二国間航空協議の前になると、その国を担当する班の人たちが航空局に来て、市場の分析から先方政府の基本姿勢までこと細かにレクチャーをし、それに基づいて航空局は交渉の対処方針を作成していた。一部では、当時の航空局国際課を日本航空霞ヶ関支部と揶揄するほどであった。１年生であった私も、事あるごとに日本航空からいろいろと教えてもらったが、その分析の鋭さ、知識の豊富さ、説明の分かりやすさ、優秀な人たちというのはこのような人たちかと敬服していた。
一方、全日空の国際部は、「しばらくはチャーター便で実績を積むように」という航空局の指示を律義に守り、いつかは定期便につながるようにと、チャーター便の申請書などを持って航空局に日参していた。私の周囲でも「全日空の国際線はまだまだ無理だねえ」との声が聞こ

えたが、私には、国際定期便をやらせてもらえないからノウハウの蓄積もできない、ノウハウもないからまだまだやらせることができないという悪循環であると思えた。一方で、当時はほとんどの国において、国際線を運航する会社は1社のみであり、何事も当局間合意で縛り上げる二国間航空関係の下では、仮に日本側が国際線を運航する2社目として全日空を指定したとしても、指定航空企業が1社である相手国がこれを受け入れる可能性は極めて低く、国際線を複数社にすることを日本が決めても、全日空が国際線に進出することは諸外国との関係で実質的に難しかった。ただし、そのような状況の中で、米国だけは例外で、当時もパンアメリカン、ノースウエストの2社に加えて貨物航空会社のフライングタイガーが日本に乗り入れていた。日本側が全日空を指定航空企業に加えることは、米側が簡単に承諾するかは疑問としても、相互主義の上からは正当化されるものであった。米国線の中には、サイパン、グアムなどへの近距離線もあり、全日空は国際線進出を望んでいるのであるから、チャーター便でなく、対米国への定期便で実績を積んで将来に備える方がはるかに得策ではないかというのが当時の私の感想だった。

45／47体制発足から10年ほどの間に日本の航空産業は予想以上の発展を見せ、45／47の保護育成的な体制は見直すべきとの声が高まった。海外においては、米国で1978年に規制緩和政策が導入され、企業間の競争がより促進されて、消費者の歓迎する運賃引き下げも実現した。米国以外の国においても、国際国内を問わず、複数の航空会社で競争をさせる動きがあり、このような国際的な流れにも対応する必要が出てきた。１９８５年、政府は45／47体制の見直しを決定して、新たな航空政策を運輸政策審議会に諮問し、審議会は翌年、「今後の航空企業の運営体制のあり方について」という新航空政策を答申した。これによって、全日空と日本エアシステムの国際線への参入及び国内主要路線への複数社参入が認められ、併せて、日本航空の完全民営化と国内の準幹線、地方路線への参入も決定されて、45／47体制は終焉した。

全日空は、１９８６年３月、最初の国際路線としてグアムに就航し、同じ１９８６年にはロサンゼルス、ワシントンＤＣ、１９８７年には北京、大連、香港、シドニー、１９８８年にはソウル、１９８９年にはロンドンと順次新規路線を開設していった。ただ、成田空港のスロットの制約が厳しく、本来デイリー運航が望ましいにも関わらず、週5便あるいは週3便という運航を強いられることもあった。１９９４年に関西国際空港が開港すると、成田で十分なスロットを確保できない全日空は関西国際空港で活路を見出そうとした。開港直後から中国や北東アジアだけでなく、デンパサール、ヤンゴン、ムンバイ、シドニー、ブリスベーン、ローマ、ロンドンと中・長距離路線も積極的に展開していった。しかし、この関西国際空港発着の路線には構造的な問題があった。ビジネス客が少ないことである。一般的にエコノミークラスの旅客はイールド＝利益率が低く、特にパッケージツアーの旅客の運賃は格安であるため、エコノミーの旅客だけでは採算が合わない。成田発着の路線でさえ、ファースト、ビジネスの黒字でエコノミーの赤字を埋める路線が少なくなかった。関西地区にも大企業はたくさんあるものの、本社機能は東京という会社も多く、出張などで航空を使うビジネス客の数が首都圏と比べて著しく少なかった。結果として、全日空の関西国際空港発着路線はほとんどが赤字となり、多くの路線で撤退することとなった。

1990年代の末、全日空は関西国際空港の拠点化を諦めて首都圏に軸足を移し、同時にスターアライアンスという航空会社連合に加盟して、パートナー会社とのコードシェアによって路線の少なさによるネットワークの弱さをカバーしようとしていた。この時期に私は国際航空の担当課長であったが、航空協議で交渉がまとまり、権益の交換が行われると、それは既に権益を持っている日本航空でなく、全日空に渡ることになるため、日本航空は航空協議には常に消極的な姿勢であった。一方で、成田のスロットは、数が極めて限定されているため、非常に高収益につながるものとなっており、既得権としてその多くを保有する日本航空は大きなメリットを享受していた。

当時、成田は世界で唯一の「日枠」が設定されている空港と言われた。一般的に1日当たりの発着枠は、1時間当たりの管制処理能力とその空港の運用時間の掛け算で決まる。成田空港の場合は1時間当たり処理できる発着は32回であり、運用時間は午前6時から夜11時までの17時間であるので、本来であれば、夜の時間帯の発着抑制を考慮しても500回は十分上回るはずであるが、実際は370回に上限が設定されていた。これは地元との合意であり、内陸空港であるが故に、騒音にも十分配慮すべしとの要望に基づくものであった。率直に言って、航空機の低騒音化などを考慮すればもう少し柔軟に対応してもらえても良いのではと思ったが、成田空港で多大な苦難を強いられた周辺住民にしてみれば、これ以上の被害は受けたくないという感情が強かった。この日枠の370であるが、かつては360であり、地元との交渉を重ねて10広げてもらうのに8年かかっていた。

このような厳しい成田のスロット制約の中、暫定平行滑走路供用前の滑走路1本の時代、1日当たりのスロット数は日本航空98に対して全日空32であった。暫定平行滑走路のオープン時にこの新しい滑走路でのスロットは日本航空と全日空に同数配分されたため、割合としての両社間の格差は縮小したものの、大型機にも使えるA滑走路のスロット数の差は依然残っており、これが全日空の言う「成田では勝負ができない」所以であった。

外交案件として

このような背景の下に提案された羽田─虹橋案件であるが、その進め方は極めて難しかった。上海において国際線のために提供されている空港が浦東空港である以上、羽田─虹橋便は、通常の航空協議のプロセスに乗せることによって実現できるものではなかった。また、航空協議のカウンターパートとして長い付き合いのある中国民航総局は、空港政策には直接関与していないため、これに羽田─虹橋に関する中国国内の調整を期待するのは無理であった。従って、羽田―虹橋を実現するためには、羽田―金浦同様、これを外交案件として位置づける必要があり、羽田―金浦が首脳会談マターになったように、早い段階でトップダウンの形をとるのが得策と考えられた。また、羽田―金浦の際は韓国の外務省が相当強引に事を進めたが、今回はむしろ日本側から積極的に中国外交部に働きかけを行う必要があると思われた。

日本サイドでは、外務省はもちろん積極的であり、安倍総理訪中の際、10月8日の晩餐会の場で中国側に羽田―虹橋の件を提案するとの段取りまで決定した。このようにトップダウンの形はとれたが、その後は中国外交部が中心となって中国国内を調整してもらう必要があるため、私は、在日中国大使館を訪問し、今回安倍総理が訪中の折、上海虹橋空港と羽田を結ぶ定期的チャーター便の提案をすることになっているので、中国側の協力をお願いしたい旨を伝えた。

先方は、この件は基本的に航空当局間でまず話し合うべきものと思ったらしく、民航総局との調整状況はどのようになっているかを質問するので、こちらからは、本件は通常の航空権益の交換のように航空当局間で相談をして決めていくという性格のものでないため、民航総局とはまだ具体的な話はしていないことをまず伝えた。また、以前、韓国との間で開設した金浦―羽田便は双方の国内線専用の空港を相手方に開放するという二国間の友好のシンボル的な案件であり、国内線専用の空港である虹橋と羽田を結ぶことは、同様に日中両国の友好関係増進を図るという観点から大変意義があるということを強調した。

先方は興味を示しつつも、虹橋空港は現在国内線で満杯になっているようであり、新たな便を受け入れる余地はないと思われること、虹橋についても浦東についても空港の使用についてては上海市が強い権限を持っていて調整は簡単ではないことなどの問題点を指摘した。こちらからは、満杯であるのは羽田空港も同じだが、日本側としては、これだけの重要案件のためには国内線の便を犠牲にしても発着枠を確保する覚悟でいること、また本件は難しい調整が必要であるからこそ外交部にお願いするしかないことなど縷々述べた。

大使館の方々は、実現には困難が伴うという認識に変わりはなさそうであったが、会談の終わり際には、どこまでできるか分からないが、関係のところとどのような順番でどういう話をしていくか考えたいと言ってくれた。何とか前向きな回答が得られてほっとする一方、中国大使館も本件はやりがいのある外交案件であると受け止めたが故に、最後は協力的な姿勢を示してくれたのではないかという印象を持った。

10月8日、予定どおり開催された晩餐会において、安倍総理と中国国務院総理との間で、羽田―虹橋チャーター便を促進していく方向で意見の一致をみた。当日の晩餐会では、中国側から問いかけという形で本件が切り出されたとのことであり、こちらの要請に対する外交部の配慮が感じられて、感謝に耐えなかった。

急転直下の解決

10月30日、外交部に対する協力依頼が先行してしまって手順前後にはなったが、航空協議の機会をとらえて羽田―虹橋についての打ち合わせをするべく、私は北京に向かい、翌31日、中国民用航空総局と会談した。

日中航空関係拡大のための今後の道筋について議論した後、私から、羽田―虹橋については、今月両国の首脳により、これを促進していこうということで意見の一致をみているので、両国で本件を速やかに進めて行きたいと切り出した。これに対する先方の回答は、この件について、民航総局は総理に何も話していないし、総理も内容を承知していない、虹橋は滑走路が1本で既に設計容量を超える便が入っている、2010年に2本目の滑走路ができる予定だが、それまでは中国の国内線でさえ増便はできない状態なので、羽田―虹橋便の受け入れは物理的に無理である、また、虹橋では、CIQ施設も撤去され、CIQ職員も皆浦東に移っている、上海を基地にする中国の航空会社の職員も浦東に移動しているし、これらの国際線用の施設と職員を虹橋で復活させるのは現実的ではない、浦東については、第4、第5の滑走路の建設、ターミナルの拡張の計画もあるし、中国側も浦東の国際線を充実させたいと考えている、羽田と上海を結ぶのであれば、浦東への運航を提案したい、というものだった。

こちらからは、この件は首相の強い意向でもあるのでもう一度検討して欲しい旨を述べ、また本件はＡＰＥＣ首脳会談やＡＳＥＡＮ＋３の首脳会談でも取り上げられる可能性があるし、12月には国土交通大臣が北京を訪れて本件をお願いする予定であることも伝えた。これに対しても先方は、まだこの件について首相に話をしていないが、現在の状況からして虹橋への増便は技術的に困難であると首相には報告せざるを得ない、また上海市は浦東を発展させていくことに重点をおいており、虹橋で国際線を運航することを認めるとは思えない、加えて日本の航空会社が虹橋に運航したら、他の国も虹橋への運航を要望してくるであろうし、それに対応するのは不可能であると否定的な回答を繰り返した。

最後に先方が指摘した日本に虹橋への運航を認めたら他国からの要望を断れないという点であるが、確かに国際民間航空条約上、国際空港においてはすべての国を公平に扱わなくてはならないと規定されている。従って、仮に虹橋と成田とを結んで、虹橋と他の国の国際空港とを結ばない場合は、中国が他の国を不公平に扱ったことになるが、虹橋も羽田も国内線専用空港であるため、この2つを結んで、虹橋と他の国際空港と結ばなくても中国が他の国を不公平に扱ったことにはならない。先方にはこのことを説明すると同時に、羽田―虹橋は羽田―金浦同様チャーター便であって定期便ではないこと、羽田―金浦も羽田―虹橋も二国間での特別措置によるものであると考えて欲しいことを強調した。

この時点での民用航空総局の否定的な反応は、概ね予想したとおりであった。私としては、羽田―虹橋は航空当局間で処理できるようなものではない外交案件であるとも言えず、特別な措置という言葉で説明したが、今後民用航空総局の協力を得るためには、外交部が主体となっての中国政府内の事前の意見統一が必要であり、またそれは急ぎ行ってもらわなくてはならなかった。

11月18日、日中航空政策対話という次官級会合において、安富国土交通事務次官が中国側に対し、羽田—虹橋チャーター便は両国にとって良い話であり、日本側は中国側の準備が整い次第実施するべく調整を進めたい旨を表明し、協力の要請を行った。これに対して、中国側は、虹橋空港は、現状では、地上施設、空域の双方で容量の限界に達しており、２０１０年の第2滑走路完成までの増便は極めて困難と説明し、羽田—虹橋チャーター便については、その実現可能性について日中共同で調査研究を進めていくという扱いにしたい旨を表明した。民用航空総局のスタンスに大きな変更はなく、本件の決着は、大臣級会合に持ち越された。

冬柴国土交通大臣と中国側との会談は、12月8日、北京で開催された。この種の会談においては、議題となる案件について既に事務レベルで基本的な合意ができていて、ハイレベルでは最終的な合意の確認をするだけというのが通常であるが、羽田—虹橋については、この時点で議論がどちらに転ぶかも分からず、大臣に直に折衝を行ってもらう可能性もあるなど、まさに異例であり、担当としても忸怩たる思いだった。会談の前夜の大臣レクの際も、私からは、翌日の会談での先方の回答は必ずしも当方にとって好ましいものになるとは限らず、むしろ否定的な答えになる可能性が高い旨を説明し、その場合においても、本件の実現に向けての中国側の協力を粘り強く要望していただきたいと、半ばお詫びのようなお願いをした。

当日、大臣は羽田―虹橋の開設が両国にとって如何に重要であるかを丁寧に説明され、そのために両国が力を合わせていかなくてはならない旨を強調された。これに対し、先方は、本件は上海市にとっても民航総局にとっても難しい問題であること、虹橋は国内線で満杯、ＣＩＱもないという困難な状況にあることなど説明していたが、最後にこう述べた。

「しかしながら、首脳間の合意が実現するのは、両国国民にとってとてもうれしいことです。ご安心ください」

あまりの好意的な回答に、私は唖然とすると共に、拍子抜けした。議場から出ると、冬柴大臣は、にっこり笑って、

「案ずるより産むがやすしですね」

と私の肩をたたいた。

翌12月9日、国務院での会談が行われた。冬柴大臣の羽田―虹橋についての協力依頼に対して、国内空港を国際空港に切り替える際の法的問題、いろいろな施設整備に係る技術的な問題など問題点ばかりを縷々述べる中国側に、大臣が
「本件、私の顔を立ててくれませんか」

と尋ねると、先方は、一言、

「心得ております」

と答えた。羽田―虹橋が実質的に合意された瞬間だった。

最後の最後まではらはらする展開であったが、外交部の努力のおかげで冬柴大臣訪中時には、センターラインまで含めて中国政府内の意思統一ができており、本当に在京大使館には頭の下がる思いであった。

2007年4月11日、東京で行われた日中首脳会談で、羽田―虹橋間の定期的な国際チャーター便の開設が合意され、これを受けて6月25日、北京での冬柴大臣と中国民航総局長との会談で、年内、可能であれば10月8日頃に、日中双方1日2便ずつ、計4便で実施することが決定された。羽田―虹橋便は、実際には、日中国交正常化35周年の記念日である2007年9月29日から、日本航空、全日空、中国東方航空、上海航空の4社によって運航開始された。

第四章

羽田―北京便

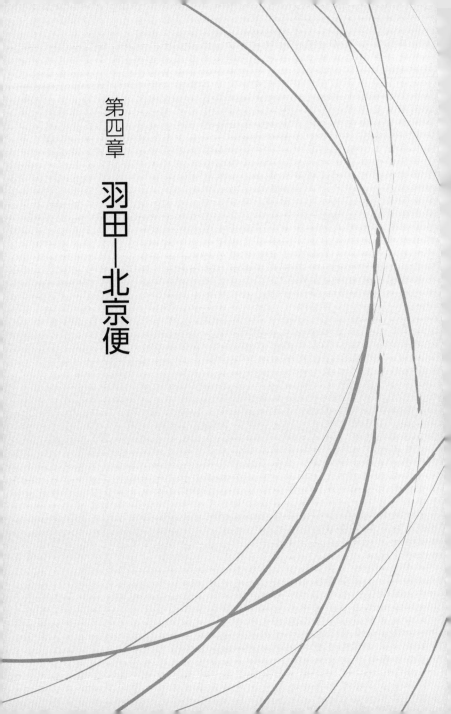

次なる目標

羽田—虹橋の案件が進行している過程で、北京に南苑という国内線だけが飛んでいる空港があることが目にとまった。その際、虹橋案件が一段落したら羽田—南苑を検討してみたいという思いがよぎり、同時に、現在羽田—虹橋にこれだけ尽力してくれている在京中国大使館の方々がいる間でないと本件は検討の俎上にも載らないと感じた。

2007年4月の日中首脳会談で虹橋便が合意され、そのお礼に中国大使館に出向いた際、厚かましいとは思いつつも、羽田と北京の南苑を結ぶ便の可能性を打診してみると、大使館の方々は、

「前田さんは欲張りですね」

と笑いながら、

「またお手伝いできることはやりますよ」

と言ってくれた。

南苑空港は1910年に開港した中国で最も古い空港で、市の中心部の天安門広場から13kmに位置し、中心部から25km離れている北京首都空港より至近にある。軍が管理する空港で、もともと軍が保有していて後に民営化された中国聯合航空という航空会社が国内線を運航していた。百聞は一見に如かずと、私自身実際に見に行ってみたが、天安門から車で30分足らずで、

アクセスは非常に良好だった。ただ、大通りから空港へ入っていく道は、沿道がスラム街であり、空港に着いてみると、ターミナルビルも極めて貧弱であった。もともと軍が使うために作られた空港で、国内線の路線数もわずかである以上、民間空港としての体裁が整っていないのはやむを得ないところであった。いずれにしても民間航空に関しては国内線だけが飛んでいる空港であり、また市内に並存する国際空港よりアクセスの良い点では、金浦、虹橋と類似していて、羽田と結ぶにはここしかなかった。

北京の空港分布

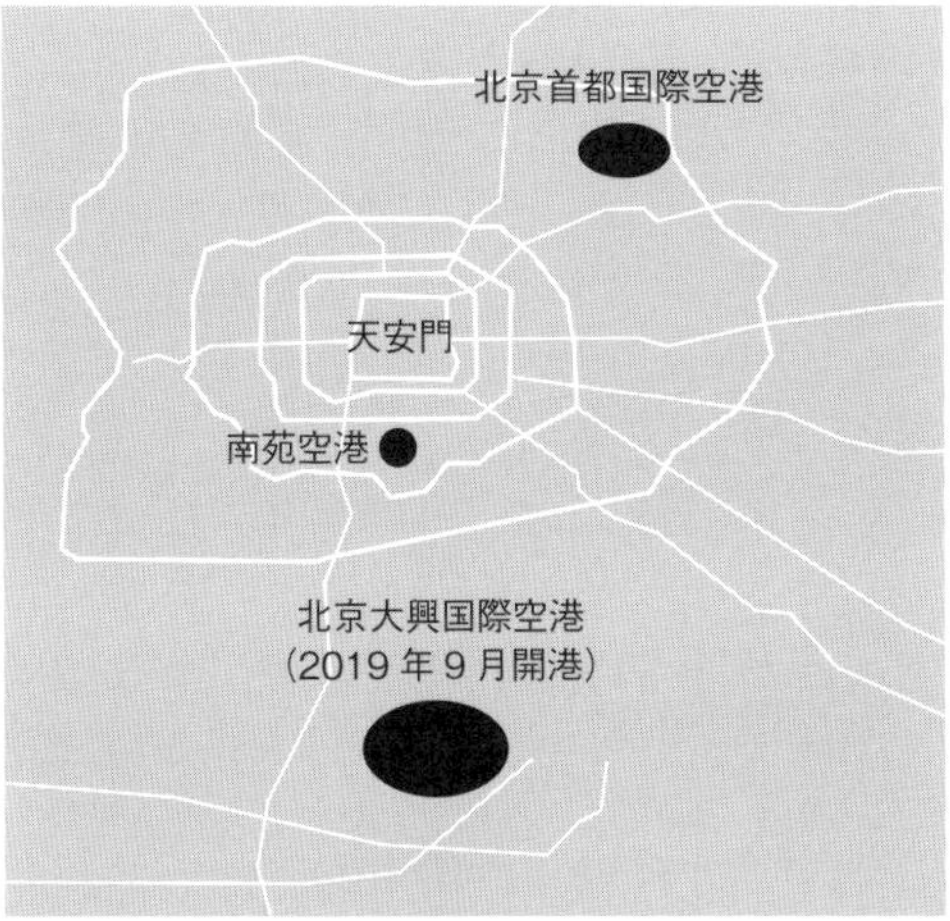

参照：日中友好協会兵庫県連合会 HP

　羽田―金浦の際に設定された距離の基準からすると、北京は東京から２１０４㎞であり、東京―石垣の１９４７㎞の半径で描いたペリメーターの外側にあるが、これが羽田―南苑の実現の妨げになるとは思えなかった。空港にペリメーターが設定されることは一般的ではないが、ワシントンDCのナショナル空港にその例がある。総じて、航続距離の長い航空機は燃料を多量に積載するため重量が大きく、離陸をするのに長い距離を必要とするため、滑走路の短い空港は使用できない。ナショナル空港には3本の滑走路があるが、最長のものでも2185mであるため、この空港から離陸した航空機が到達できる地点には限界がある。実際にナショナル空港からは、外国地点であるカナダのオタワ、モントリオールには路線があるが、国内地点である西海岸のロサンゼルス、サンフランシスコには路線がない。国際線、国内線を問わず、航続距離によって地点を限定しているのであるから、路線網の形成に関して恣意的な要素は全く認められず、従ってこの空港使用の基準について諸外国を始め外部から問題とされることは考えられない。このようにペリメーターは本来物理的な理由によって設定されるものであって、政策的に設定されるものではない。羽田のペリメーターは、ナショナル空港のペリメーターとは全く異なり、単に国内線専用の羽田空港から運航する外国の都市への距離は国内線と同等の距離とするのが適当という観点から一つの目安として描かれたものであり、北京のように60km弱オーバーしたからと言って、それが実質的な問題につながるものではなかった。

7月、中国南方航空が国土交通大臣室に冬柴大臣を表敬に来た際、先方は雑談の中で、冗談交じりに、虹橋便は東方航空と上海航空に取られてしまったので、次は羽田―北京をやってもらって、是非南方が取りたいと思うと語った。

南方航空が退室した後、大臣から、羽田―北京はそもそも実現できる可能性があるのかと問われて、北京には南苑という国内線専用空港があって、実はそこと羽田の可能性を考え始めた

ところであることを申し上げると、大臣は、

「面白いなあ」

と満面の笑みを浮かべ、羽田―虹橋同様、これは中国側にも悪い話ではないと思うので是非話を前に進めて欲しい、自分も中国側には働きかけることにすると言われた。

完全に大臣からゴーサインが出たため、私は早速準備に取り掛かった。日中共に、定期的チャーター便については、虹橋で学習済みであるため、今回は正攻法で、まず民航総局との相談からスタートすることにした。

羽田―南苑の実現に向けて

11月15日、日中運輸政策対話のために来日していた中国民航総局の私のカウンターパートと非公式に意見交換を行った際、私から、日中友好の増進と北京五輪成功への貢献の観点から、羽田―南苑の定期的チャーター便を是非実現したいと考えている旨を述べると、先方は南苑空港について概要以下のような情報提供をしてくれた。

「南苑空港については、民航総局はかつてから軍民共用化を目指して努力してきたが、進捗ははかばかしくなく、今でも国内定期便は、聯合航空が運航しているだけである。聯合航空の経営母体はもともと軍であったが、5年ほど前に中国政府が軍による営利行為を禁止したため、

運航停止となった。３年後に上海航空の協力のもとに企業として復活したが、現在も実質的には軍のコントロール下にある」

更に先方は、民航総局と軍の間のパイプは太いわけではないし、このように南苑空港が運航も含めて軍の管理下にあるので、南苑空港への関与は難しい面はあるが、民航総局としては羽田―虹橋の際と同様に羽田―南苑についても最大限の努力をしたい、と協力的な姿勢を示してくれた。

12月９日、冬柴大臣が訪中の折、中国側と会談し、羽田―南苑について航空当局間で検討を進めることで一致し、また外交部等にも協力を要請し、前向きな反応を得た。12月28日には、福田康夫総理が北京での首脳会談において、羽田―南苑定期的チャーター便を北京五輪前に就航させたいとの提案を行い、協力を要請した。このようにして、話はハイレベルまで到達し、羽田―南苑は完全に検討のレールの上に乗った。

１月25日、中国大使館と連絡をとって進捗状況を尋ねると、先方の答えは、羽田―南苑の北京オリンピック前の実現はどうも難しそうであるというものだった。こちらから、オリンピック前が無理だとして、年内にはできそうかを訊くと、年内もできるかどうか分からないとのことであり、何故かを問うと、

「南苑空港周辺は治安が悪く、特に日本人がトラブルに巻き込まれるとマスコミにも取り上げられて大きな騒ぎにもなるので、相当慎重にならざるを得ない。また南苑空港への受け入れ

のためには、今の施設のままでは十分でないので、インフラの整備も必要であり、それにも時間がかかる。更に最大の問題は南苑が軍管理の空港であるので軍との調整が容易ではないことである」

などの理由を述べた。また本件は民航総局がロードマップを作って計画的に進めることが大事であると言うので、民航総局には、もちろん当方から強く協力依頼はするが、軍との調整などは難しいと思われるし、やはり虹橋の時と同様、外交部からも関係方面への働きかけを行ってもらうことが絶対に必要であると強く要請した。

南苑空港周辺は家屋もみすぼらしく、雰囲気は決して良くないものの、私が見た範囲では治安が悪いという印象はなかったが、オリンピックを前にして、南苑で何かあって中国の印象を悪くしてはという危惧は理解できるような気がした。一方、軍との調整は、以前の私のカウンターパートのコメントからして、民航総局ができることには限界があると考えられ、中国内部の事の詳細は分からないが、外交部から指導部層への根回しが必要なのは間違いないように思われた。

2月27日から29日にかけて、済南市で自由化に向けての日中当局間協議が開催され、その際に羽田―南苑についての進捗状況を確認したが、民航総局の答えは、現時点では軍の了解が得られていない、民航総局としては、本件は是非実現したいと考えているので、北京オリンピック前の実現に向けて引き続き協力していきたいという従来どおりのものだった。

なかなか進捗が得られない中で、3月19日、私は新しい案を携えて中国大使館を訪ねた。その案とは、北京オリンピック前の羽田―南苑定期的チャーター便の実現が難しいのであれば、北京オリンピック前後2か月間程度、試験的、暫定的に羽田―南苑間で通常のチャーター便を実施するというものだった。中国大使館の方々に対しては、この通常の国際チャーター便であってもCIQは必要になるが、日本でもCIQがない地方空港に国際チャーター便が飛ぶ場合は出張サービスで対応しており、CIQ官庁の協力があればそれほど困難なことではないことを説明し、暫定的なものであれば、軍の理解も得やすいのではないかとも伝えた。

先方の反応は、羽田―南苑チャーター便は良い案件であり、今回の提案も良いアイディアだと思うという好意的なものだった。こちらからは、この通常のチャーター便の案が受け入れられるのであれば、5月に中国国家主席が訪日される折にこれを日中の合意事項にしたいと思うと告げて大使館を辞した。

私が提示した新しい提案は、暫定的なものであっても、チャーター便を実施しさえすれば、運航、地上取扱業務、CIQなど実務上の問題はそれほどないことが中国側に認識され、定期的チャーター便につなげていきやすくなるとの考えに基づくものであった。通常のチャーター便であれば、どこの空港であっても受け入れるのが常識であり、実現可能性は高いと思われたが、予想に反して、これについてもはかばかしい進展のないまま5月に入った。中国国家主席訪日の際の共同プレス発表の中に、オリンピック期間中及びその前後に南苑―羽田間の通常のチャーター便を実施するという内容を盛り込むべく、日本側は強く中国側に働きかけを行い続けたが、5月6日に開かれた事務レベルでの会合において、中国側は、現時点で軍等との調整がついておらず、南苑について言及することはできない旨を強く表明したため、結局、プレス発表に盛り込むことはできなかった。日中首脳会談後の事務レベル会合においては、羽田―南苑チャーター便の北京五輪前の実現は時間的制約から困難であることから、北京五輪への対応として、羽田から北京首都空港等への臨時チャーター便を実施することとし、羽田―南苑チャーター便は引き続き検討調整するということになった。これを受けて、日中の航空各社は、オリンピック期間中北京へは首都空港の方へチャーター便を飛ばすことで準備を開始した。

北京首都空港への転換

北京オリンピックが間近に迫った7月28日、中国大使館に呼ばれて出向いた私に対し、先方はこう切り出した。

「南苑については軍がどうしても賛成してくれません。申し訳ありませんが、羽田―南苑はあきらめてください」

私はあわてた。そういうわけにはいかない、この案件は日本側は総理にまで上がっているし、今から後戻りは絶対にできないと言うと、先方は、中国側も軍が反対の立場をとっている限り動けないとの回答だった。私から、南苑は能力的には受け入れが可能なはずであり、1日4便程度の運航であれば軍に迷惑もかからないのではと言うと、そもそも軍の空港を民間の航空会社に使わせること自体に軍は反対のようであるとの答えであった。民間と言えば聯合航空が定期便を運航しているではないかと問うと、聯合航空は民間と言っても軍が持っている航空会社と同じであり、軍としては南苑は100％軍が使っているという認識であるとのことで、議論は前に進まなかった。

こちらから、虹橋の時のように、指導層の方まで話を上げて軍を説得して欲しいと懇願すると、指導層もこの案件は認識している、それでも軍の反対をおしてまでというのは無理だという判断であると厳しい答えが返ってきた。諦めきれずに、もう一度軍との調整を試みてもらえないかと食い下がると、先方は遂にこう言い出した。

「前田さん。そこまで言うのであれば、羽田からは南苑ではなく、北京首都空港でやれば良いではないですか」

これには私は更にあわてた。ここはとにかく十分に説明を行って理解を得なくてはと思った。

「それは絶対に無理です。東京では、国内線は羽田、国際線は成田からです。今も成田と北京首都空港の間には通常の国際線が開設されています。羽田―虹橋は、ソウルの金浦と羽田との間の便もそうですが、友好関係に基づいて、両国がお互い国内線専用空港を国際定期的チャーター便のために使うことを認め合うことによって成り立っている特別な便なのです。羽田からの定期的チャーター便の行先は、北京では首都空港ではなく、南苑でなくてはなりません。そうでなければ、日本の政府は、成田の関係者たちに対して約束を破ったことになってしまいます」

「北京首都空港であれば、南苑とちがって、羽田からの便を受け入れるのに問題はありません。羽田―北京首都空港を両国の友好関係に基づく特別な便と考えれば良いように思います。それに今日本側は、オリンピック期間中に羽田―北京首都空港の間のチャーター便を準備してくれているではありませんか」

「オリンピック期間中の北京首都空港へのチャーター便は、羽田―虹橋のような定期的チャーター便ではなく、通常のチャーター便です。羽田―南苑がオリンピックに間に合わないので、期間中の需要に応えるために運航するもので、このような通常のチャーター便はこれまでも羽田から飛んでいます。成田空港については、なかなか簡単に説明できないのですが、これを建設するのには大変な困難がありました。しかし、首都圏の国際線をすべて引き受ける大切な空港だからということで、多くの人が力を合わせてその困難を乗り切っていったのです。ですから、双方の国内線専用の空港を使う定期的チャーター便のような特別な便以外は、羽田から国際線を飛ばすわけにはいかないのです」

「日本側にも難しい事情があるのは分かりますが、中国側にも南苑には難しい問題があることを理解してください」

「分かりました。本日のご意見、とりあえず持ち帰って相談させていただきます」

持ち帰り検討とは言ったものの、南苑は完全に頓挫してしまった。意気消沈しながらの大使館からの帰り道、私は少し考えをめぐらせてみた。中国側があれだけはっきり言う以上、南苑はもう無理だ、大使館は気楽に北京首都空港でと言うがこれも本来検討の土壌にも乗らない話である、しかし、ここまでのこれだけの努力を無駄にしてはいけないのではないか、羽田―南苑は国土交通大臣、更には総理からも中国側に提案してもらった案件だ、その後もあらゆるレベル、あらゆるルートで中国側には働きかけを行ってきた、結果として、南苑は中国側の事情で無理になってしまったが、日本側としてもできる限りのことをやってきたこの経緯を考えれば、この時点で、北京首都空港という中国側のカウンターオファーに日本側がのったとしても、それは成田の関係者を裏切ったことには決してならないのではないか。

翌日、大使館とのやりとりを冬柴大臣に報告し、残された道は羽田と北京首都空港を結ぶしかないと説明すると、大臣の第一声は、やはり、

「成田の関係は大丈夫ですか」

だった。私の方からは、最初から北京首都空港と羽田を結ぶ方向でやりだしたのであれば大問題であるが、日本は南苑でやろうと努力した結果、中国側の事情で南苑が駄目になり、代わって中国側から北京首都空港でどうかと言ってきたものであるので、そのことを十分に説明すれば、成田の関係者も納得してくれるのではないかと考えたままを述べた。大臣は、うなずきな

がら
「大使館の方へは、前向きに検討したいと伝えることにしましょう。いずれにしても、羽田と北京首都空港を結ぶことは、中国側から正式に提案してもらう必要がありますね」

と言われた。

8月1日、中国側に対し、大臣からの羽田―北京首都空港についての協力依頼の意向を伝えると、先方は、今は五輪の準備に関係者も忙殺されているが、民航総局、交通部など関係方面と調整をして、なるべく早く正式な提案に結び付けたいと答えた。

五輪終了後の8月27日、冬柴大臣の後任として就任した谷垣国土交通大臣から、再度中国側から公式な提案を行うことの依頼がなされ、これを中国側が受け入れた結果、羽田―北京首都空港の定期的チャーター便は中国側提案に基づき、航空当局間協議の場で話し合われることとなった。

北京首都空港は発着枠についての整理再編が行われていたため、羽田―北京首都空港定期的チャーター便についても発着枠の確保に時間を要し、結局、２００８年11月、２００９年4月の2度の航空当局間協議を経て、同年7月、２００９年冬ダイヤから開設することで合意に達した。実際の運航開始は10月29日で、日本航空、全日空各1便、中国国際航空2便の合計4便で実現した。難産の末の羽田―北京首都空港定期的チャーター便であったが、初めて羽田と外国の国際空港を結ぶ便の誕生であり、結果として、羽田―金浦の際に設定された、羽田からの便は成田からの便と同一空港を使用しないという基準の重大な例外となった。

◆香港への深夜早朝便

羽田―北京首都空港の定期的チャーター便に先立ち、2008年4月から全日空が、同年7月から日本航空が羽田と香港の間に定期的チャーター便を開設していた。成田空港にはカーフューがあり、23時から翌朝6時までは原則航空機の運航ができないことは前述したが、24時間使用可能な羽田においては、この時間帯を国際線に活用するべきとの観点から、通常の国際チャーター便は従来から運航されてきた。従って、この深夜早朝時間帯の羽田―香港便が通常のチャーター便であれば、従来どおり、両航空当局間の個別許可以外の手続は必要なかったが、今回の全日空及び日本航空のチャーター便は、ダイヤも固定され、また個札の旅客を乗せることもできる定期的チャーター便であったため、金浦、虹橋の定期的チャーター便の時と同様、事前に日本と香港の航空当局間の合意をみた上で実施されることとなった。香港は、東京から約2900km離れており、また香港空港は当然ながら国際線の空港であったが、定期的チャーター便に適用される1947kmという距離の基準及び羽田からの便は成田からの便と同一空港を使用しないという基準は、昼間時間帯のチャーター便についての基準であり、今回のような深夜早朝時間帯の便は適用対象外であった。言い換えれば、この香港への定期的チャーター便は、形態としては金浦、虹橋などと羽田を結ぶ昼間時間帯の定期的チャーター便と同一でありながら、それが深夜早朝時間帯に運航されるが故に、昼間時間帯の便に適用される基準の制約を受けない特異なチャーター便であった。

カーフューについて若干の説明をすると、これは、騒音など環境面への配慮から夜間の時間帯に設定されるもので、もちろん成田空港固有のものではない。旅客又は貨物の国際定期便が就航している空港でカーフューのある空港は世界に約160あり、そのうちの概ね3分の2が欧州内にある。欧州の空港においてもカーフューの扱いは様々であり、ドイツおよびスイスでは主要空港のほとんどで設定されていて、23時又は24時から5時又は6時まで運航が禁止されているが、ロンドンのヒースロー、ガトウイック、パリのシャルル・ドゴールは、内陸空港であるにも関わらず、カーフューの設定がない。ただ、これらのカーフューのない空港においても、22時30分～7時までは、総便数の上限や1時間あたりの便数の上限が設定されるなど周辺の環境に対する配慮はなされている。

日本においては、主要空港の中では、成田空港が23時～6時、伊丹空港が21時～7時、福岡空港が22時～7時にカーフューが設定されている。この3つの空港には、近接して羽田空港、関西国際空港、北九州空港という24時間空港が存在し、非常時などにおける代替運用機能は確保されている。

伊丹空港については、過去に世界最大の騒音訴訟と言われた大阪空港訴訟が提起された。訴訟における争点は、過去の騒音被害に対する賠償、将来の騒音被害に対する賠償、夜間の時間帯における飛行差し止めの3点であった。このうち、夜間の飛行差し止めについて、大阪地裁が22時～7時が妥当と判決したのに対して、原告住民は21時～22時は命の1時間であり、この時間帯も飛行は禁止されるべきであるとして控訴し、大阪高裁は、この原告の主張を全面的に受け入れて21時以降の飛行差し止めを国に命じた。国はこれを不服として上告し、最高裁は高裁判決を破棄したが、その後成立した和解において、国側が大阪高裁判決の趣旨を尊重し、以後21時以降の飛行は行われないこととなって現在に至っている。

福岡空港も博多駅に近接した人口密集地にあることから、大阪空港訴訟と同様の訴訟が提起されたが、やはり最高裁判決で夜間の飛行差し止めは斥けられた。こちらは、伊丹空港とは異なり、現在もカーフューは22時～7時となっている。

成田空港については、開港当初から23時～6時のカーフューが設定されていた。内陸空港である以上騒音問題は不可避であり、カーフューも必須のものだった。成田における環境対策としては、これ以外にも、「公共用飛行場周辺における航空機騒音による障害の防止等に関する法律（騒防法）」、「特定空港周辺航空機騒音対策特別措置法（騒特法）」に基づいて、民家防音工事、電波障害対策などが実施され、総額３２００億円を超える予算が投入されてきた。一般的に空港周辺の騒音対策を行う場合、滑走路を中心として、騒音による影響の大きさに基づいて、コンターという等高線に類似した騒音区域の区分線が引かれ、一定の範囲の中にある民家は防音工事の対象になり、最も影響の大きい範囲にある建物は移転対象にもなる。技術的な話になるが、このような騒音区域を決定する際の騒音の評価指標として、古くはＷＥＣＰＮＬ(Weighted Equivalent Continuous Perceived Noise Level 加重等価平均感覚騒音レベル)、近年はＬｄｅｎ（den は day evening night）が用いられる。音の単位としてはホンがよく知られているが、このホンが瞬間的な音の強さを表す場合に使われる単位であるのに対して、ＷＥＣＰＮＬ、Ｌｄｅｎは騒音の発生回数も考慮し、時間当たりの騒音の積み重ねを重要な基準としている。また、夜間早朝の時間帯はフライトが少ない一方で、昼間時間帯よりも騒音の影響が深刻であることを勘案し、時間ごとの騒音を加重的に計算する手法も用いて騒音区域を定めている。従って、騒音区域を決定するに際しての計算の基礎となった便数の範囲での運航が行われていれば、それは環境上の基準を満足した空港の運用ということになる。然るに、成田空港では、この環境対策を行う上で想定されるフライト数を下回るレベルで、前述の日枠（１日当たりの発着回数）が設定されている。この日枠は、環境面に配慮した国と地元の合意に基づくものであるが、このような法律上の基準に上乗せする形での発着の制限が、成田での国際線受入れ能力の低下を招き、羽田の再国際化を促進する要素となったことは否めない。

羽田のチャーター便に話を戻すと、この時期に、日本航空が週２便のペースで仁川への通常のチャーター便を運航していた。この便は、例えば羽田０時発、ソウル２時30分着、同じ航空機でソウル３時45分発、羽田５時45分着で運航できるなど極めて効率が良かった。利用者もまだ電車が動いているうちに羽田に行って0時のフライトに乗るのは都合が良く、帰りも5時45分に着けば、間もなく電車が動き出すので好都合だった。当時は日本からのアウトバウンドが日本へのインバウンドよりも圧倒的に多かったため、韓国の航空企業にとっても同じように羽田から深夜に出発、羽田へ早朝に到着のフライトを組むことが望ましかった。しかし、韓国企業の場合は、日本航空のダイヤと同様に5時45分に羽田に着いたとしても、その航空機が昼の時間帯に羽田を使うことができないため、少なくとも23時まで待機しなくてはならず、日本企業と同じようなダイヤ設定をすることはおよそ現実的でなかった。このように、羽田の深夜早朝時間帯は、機材の効率的運用という観点からは、外国航空会社と比べて本邦企業にとってより活用しやすい時間帯であった。

また、羽田の昼間時間帯は、基本的に満杯の状態ではあったが、時間帯によって、航空会社にとっての使いにくさからあいている発着枠も一定数はあった。即ち、国内線については20時30分~23時に羽田を出発しても到着地の空港が深夜になってしまうため、この時間帯は出発便が少なく、逆に6時~8時30分に羽田に到着するためにはかなりの早朝に地方空港を出発しなくてはならないため、この時間帯は到着便が少なかった。これらの時間帯を特定時間帯と呼び、それぞれあいている出発の発着枠、到着の発着枠を有効に使おうという議論はかつてからあり、羽田の再国際化が進展する過程で、20時30分~23時は国際線の到着、6時~8時30分は国際線の出発に有効活用すべきということになった。香港への飛行時間はソウルへの飛行時間よりも格段に長く、23時から6時の間に香港との間を往復することはできないため、全日空及び日本航空の香港への定期的チャーター便は、この特定時間帯を活用することによってようやく実現したものであった。また香港のキャセイ航空は、日本企業と同様のダイヤ設定を行った場合、機材を長時間羽田にステイさせざるを得ないことから、この定期的チャーター便の実施は困難と判断したため、この香港便は本邦企業のみの運航となった。

いずれにしても、この深夜早朝時間帯の羽田—香港定期的チャーター便は、後に羽田—香港が定期便化されることへの布石となった。

第五章

羽田の再国際化のスタート

空の自由化

羽田―南苑の定期的チャーター便について中国側と調整を行っている最中の2008年6月、羽田の再国際化にとって大きな動きがあった。2010年10月に羽田で昼間約3万回、深夜早朝3万回の国際定期便を実現する旨が閣議決定されたのである。

この閣議決定の背景には、航空の自由化と首都圏の空港能力の制約の解消という二つの課題に早急に取り組むべきという政府部内の動きがあった。国土交通省、なかんずく、航空局は従来からオープンスカイには消極的と見られてきた。それは過去において、航空交渉担当が、首都圏で1便の増便もできない日本はオープンスカイはできないと主張してきたからであった。また特に日米航空交渉において、自分の国の企業にとってのみ都合の良い主張である米国のオープンスカイ政策には与しないという強固な姿勢をとっていたこともオープンスカイに消極的と見られる一因となっていた。しかしながら、首都圏で増便が不可であるが故に日本ではオープンスカイはできないというこの主張は理論的に誤りであった。オープンスカイはどの路線を何便でも飛ばすことのできる権利を諸外国に認めることであり、混雑空港において発着枠がないために実際に飛ばすことができないのは、物理的な理由から相手国にその権利を行使させることができないだけで、これはオープンスカイ政策をとっていることと矛盾するものではなかった。事実、日本も2000年代に入って以降は、首都圏以外の空港では外国企業にも自由な運航を認めてきており、未だ諸外国とオープンスカイ協定を結んでいないだけであって、政策としてはオープンスカイの方向へ移行してきていた。従って、この当時、官邸サイドから航空自由化についての意見を求められる度に、

「航空局はオープンスカイを積極的に推進しています。ただ、日本の場合には首都圏の空港能力の制約があり、なかなか内外の企業が首都圏に自由に運航できる状況にはなりません。オープンスカイの実を上げるためには、首都圏の空港能力の大幅な拡大が最大の課題であり、現在それに取り組んでいるところであります」

という説明を繰り返してきた。当時、成田はB滑走路の延伸、誘導路の整備などで一定の発着枠の増加が見込まれていたが、これをすぐに使い切ってしまうのは目に見えていた。一方で羽田は4本目の滑走路が完成することによって、滑走路3本時の年間発着回数33・3万回が44・7万回まで増加することになっていた。羽田の性格上、新たな発着枠は国内線優先で使われるのは当然として、10万回以上増加する発着枠のある程度の部分を国際線に活用することは十分現実的であった。一方で、2003年11月に羽田―金浦、2007年9月に羽田―虹橋、2008年4月には深夜早朝便の羽田―香港と、連続して定期的チャーター便が開設されてきており、北京も南苑で実施すべく交渉中、台北は、未だ台湾航空当局と協議に入っていなかったが、台湾側が日台路線の拡充に極めて積極的であることを踏まえれば、台北市中の国内線専用空港である松山空港と羽田が結ばれるのも時間の問題であった。このような実態を踏まえ、官邸も

２０１０年の段階で一定数の国際線を羽田に就航させることは妥当と判断し、昼間の時間帯についても3万回の国際定期便を実現することを確定させた。

この閣議決定は、６月27日付けで「経済財政改革の基本方針２００８」としてまとめられた。39ページにわたる大部のもので、航空の関係は、「第2章　成長力の強化」の中のグローバル戦略の一項目「空の自由化（便利な空港、開かれた空路）」として半ページを使って記された。この項は4つの段落からなり、内容は以下のとおりである。

第一段落「平成20年内に航空自由化工程表を改訂し、内外の利用者が便利になったと実感できる、世界に遅れをとらない「空」の自由化（便利な空港、開かれた空路）を集中的に進める。首都圏は、羽田を世界に開き、成田と一体的に24時間運用して、国際航空機能を高める。羽田からアジアの主要都市への路線を早期に実現する」

羽田の再国際化について閣議決定で言及する際に、最も考慮すべきは成田との関係であった。航空局としては、その観点から、「国際線は成田、国内線は羽田という大前提に変更はなく、国際線に関しては羽田は成田を補完する」という趣旨を入れるべきと主張した。実際には閣議決定の文章に補完という言葉は使われず、羽田と成田を一体的に24時間運用という多少踏み込んだ表現となったが、成田にカーフューがあること、成田の昼の時間帯の発着枠にも制約があることなどの故に羽田を国際線にも活用するというニュアンスは出ており、航空局の主張に対しても一定の配慮が見られた。

第二段落「２０１０年の新滑走路等の供用開始当初に、羽田は昼3万回、深夜早朝3万回（合計6万回）、成田は2万回の合計8万回の国際定期便を実現する。２０１０年以降の方向性については、羽田は、国内線需要に適切に対応しつつ、国内・国際双方の需要の伸びを勘案し、昼間は、羽田のアクセス利便性を生かせる路線を中心に国際線の増加を推進し、深夜早朝は世界の主要都市への就航により、首都圏全体の国際航空機能の24時間化を実現する」

４本目の滑走路の建設により、羽田の発着枠は33・3万回から44・7万回まで増加することは前述したが、実際に44・7万回まで到達するには約3年半かかる予定であり、滑走路供用開始直後は、昼間で約3万回の増加に留まることになっていた。このように発着回数の増加に時間を要するのは、4本目の滑走路が完成した時点で、羽田空港の滑走路は世界に例のない「井桁」の形、即ち平行滑走路2本ずつが相互に交差する形となるため、管制が極めて複雑で、管制官の慣熟が必要となるからであった。閣議決定は、この当初の3万回をすべて国際線に振り向けるというものであるが、これは、羽田は国内線優先と言いつつ、羽田の再国際化を早い段階で前進させたいとする意図の現れであった。3万回とは1年間で3万発着であり、３６５日で割ると1日約80発着、便数のカウントは出発と到着の2発着で1便であるので、1日に羽田から昼間だけで40便が運航される勘定であった。羽田―金浦は日本航空、全日空、大韓航空、アシアナ航空の4社が1便ずつ、羽田―虹橋も日本航空、全日空、中国東方航空、上海航空の4社が1便ずつ運航していたが、このように定期的チャーター便を開設する際には、本邦企業が2社ともに運航し、相互主義から相手国側にも2便を与えることから1路線4便というのが原則であった。仮に既に開設済みのソウル、上海に加えて、香港、北京、台北の定期的チャーター便が2010年の段階で実現したとしても、5地点各4便の20便であり、3万回という数字はその倍を意味した。これは、羽田の再国際化の実現という視点からは十分な数字であった。深夜早朝については、環境面への配慮から総数4万回の発着とされていたが、これもそのうちの3万回を国際線にあてるという決定であった。この時間帯は国内線の需要がないため、その大部分を国際線にという判断は妥当であったが、本邦企業と比べて外国企業には使いにくい時間帯でもあるため、その活用には工夫が必要と考えられた。

この段落で最も注目すべきは、羽田においても「国際定期便を実現する」との文言であった。これまで羽田で認められてきたのは定期的チャーター便であって、定期便ではない。首都圏において国際定期便は一元的に成田でという原則がずっと貫かれてきたが、それがこの閣議決定によって初めて変更された。その背景には、この定期的チャーター便が限りなく定期便と相対化してきた事実があった。もともとチャーター便というのは定期に飛ぶものではなく、その意味では定期的チャーター便という言葉自体が概念矛盾である。羽田―金浦にしても、羽田―虹橋にしても通常の定期便と同じようにダイヤが組まれ、毎日決まった時間に運航されており、一般の人が見れば、他の定期便と全く異なるところはない。唯一の定期便との違いは、これらの定期的チャーター便が宿泊等の地上手配とセットになったパッケージツアーの旅客を運ぶI

ＴＣというチャーター便であることを原則とする点であった。しかしながらこれはあくまでも原則であり、羽田―金浦が認められた際の基準には、「一定程度（１／２未満）まで個人客への販売を可能とする」という但し書きが付されていた。実際には、個人客かパッケージツアーの旅客かをチェックする方策もなく、定期的チャーター便を利用する旅客のほとんどが個人客となってしまうことは十分予想された。現実に、羽田―虹橋の運賃は成田―浦東の運賃のほぼ倍であり、これだけを見ても、個人客よりも運賃の安いパッケージツアーの旅客などは羽田―虹橋便にほとんど乗っていなかったのは明らかであった。このＩＴＣを原則とするという基準は、羽田―金浦などはあくまでもチャーター便であって、国際定期便が就航するのは依然成田だけであることを成田の関係者に示すためのものであったが、これは成田の関係者にとっても極めて分かりにくく、おそらく定期便と同じものが羽田でも飛び始めたという印象を抱いていたものと思われる。まして官邸等にしてみれば、今飛んでいるものと同じものが２０１０年からも飛ぶだけで実質的な変更は何もないのであるから、羽田の再国際化を推進したい立場からすれば、積極的に「国際定期便」という文言を使うべきと判断するのは自然なことであった。

この段落の後段では、２０１０年以降、羽田は国内線需要に対応しつつ、国際線にも大いに活用すべきとの方向性が示されている。一般的に、欧米などの長距離路線の場合は移動が一日仕事であるため、乗客にとっては、仮に成田へのアクセス時間が長くてもさほどの負担感はないが、一方で、フライト時間の短い近距離路線の場合は、トータルの移動時間が短くて済むという意味で、空港へのアクセス時間が短いことにより大きな利便性を感じる。羽田については、昼間はアクセス利便性を生かせる路線を中心に国際線の増加を推進するというのはこの趣旨であり、方面は特定していないが、距離の短いアジア路線が想定されている。一方、深夜早朝については、世界全体を対象に可能な限り各地に就航し、羽田の24時間空港の強みを発揮すべき旨が強調されている。

第三段落「首都圏全体で、2010年以降、約17万回の発着枠の増により年間発着枠約70万回を実現し、更にあらゆる角度から可能な限りの空港容量拡大施策を検討する」

年間発着枠70万回というのは、シャルル・ドゴールとオルリーの2空港を擁するパリが当時約70万回であったように、70万回を達成すれば、2つの空港を持つ世界の主要都市と肩を並べられることから、目標として設定されたものである。羽田は2015年までに44・7万回を達成することとしているが、成田もB滑走路の2500mへの延伸、B滑走路の東側の新たな誘導路の設置などを通じて、現状の20万回に加えて約5万回の発着枠の増が予定されていた。

第四段落「関西国際空港・中部国際空港について、アジア各国との間で航空自由化を推進し、国際競争力の強化を行い、あわせて24時間化を促進する」

この2つの空港は、24時間空港であり、また発着枠にも余裕があることから、実質的なオープンスカイが実施可能であり、航空自由化政策の効果も期待できた。今盛んに推進されているインバウンド政策は、ヴィジットジャパンキャンペーンというタイトルで、2003年に、当時521万人だった訪日客を5年間で倍の1000万人まで増加させるプロジェクトとして始められた。この閣議決定が成された2008年は、ちょうどその5年目に当たり、9月のリーマンショックでそれ以降訪日客が減少に転じてしまったが、年央までは、目標の1000万人に少し届かない900万人台後半に到達するペースで順調に増加していた。特に関西、中部は訪日客の増加が著しく、その面の期待もあって、この二空港について、アジア各国との間での航空自由化の推進が掲げられた。

国際定期便の実現

この閣議決定を受け、航空局は、2010年10月の羽田の4本目の滑走路の供用開始時に1日40便の国際定期便を実現することに向けて準備を開始した。羽田での定期便は、定期的チャーター便と同様、日本側は2社各1便、これとの見合いで相手国側企業に与える2便の合計4便を1セットとして考える必要があった。1日40便、10セットをどう割り振るか、検討に検討を重ねた結果、需要の多寡を勘案して、韓国3セット、中国4セット、台湾2セット、香港1セットでスタートという結論に至った。韓国についてはプサンも候補になり得るが、韓国側の希望からすれば、現在の羽田―金浦を1セットから3セットにすることになると思われた。中国は羽田―虹橋と羽田―北京首都空港を2セットずつにするのが順当であるが、既に北京首都という国際空港と羽田が結ばれていることからすれば、現状の延長線にこだわることなく、中国内の他の都市の国際空港との間の路線を選択肢とすることも考えられた。台湾は、首都台北に市の中心部にある松山空港と郊外にある国際空港の桃園空港があり、羽田と結ぶのであれば当然松山が優先されることから、羽田—松山に2セットを使うことが順当であった。香港については、既に日本企業2社によって運航されている香港国際空港への深夜早朝定期的チャーター便を昼間時間帯の定期便に切り替えると共に、香港の航空企業に2便を与えて合計4便1セットで決まりであった。

この方針に基づき、各国との航空協議が開始され、羽田の昼間の時間帯での定期便の開設が合意されていった。まず韓国との間では、2008年8月に、羽田—金浦間を双方6便ずつ運航することができ、そのうち双方2便ずつは羽田—金浦にかえて羽田—プサンを運航することもできることで合意された。運航する企業は、現状と同じ、日本航空、全日空、大韓航空、アシアナ航空が予定された。次に香港との間では、2009年3月に、羽田—香港間を双方2便ずつ運航することで合意に至った。香港では、国際線はほとんどキャセイ航空1社が担っていることから、香港線については日本側が2社でそれぞれ1便ずつ運航するのに対して、香港側はキャセイ航空1社が2便運航することとなった。中国との間では、2009年4月の協議で、まず羽田—中国間で双方8便の定期便を運航することが合意された。このうち双方4便に関しては、羽田—虹橋及び間もなく運航開始される羽田—北京首都空港の定期的チャーター便を定期便に切り替えることとなった。残る双方4便については、虹橋、北京首都空港のスロットの状況及び成田―中国間の路線も含めた両国間の航空関係の全体像を勘案して次回以降の航空協議で更に議論して決定することとなった。台湾との間では、２００９年11月に、羽田と台北の松山空港の間を双方4便ずつ運航することが合意された。ただし、台湾では松山空港は国内線専用空港で国際定期便は認められないこととなっているため、合意文書上の名称は定期チャーター便、取り扱いは通常の定期便と同じという異例の合意内容となった。なお、台湾側の航空会社は中華航空とエバー航空の2社が予定された。このようにして、就航する国際定期便は確定し、２０１０年の4本目の滑走路の供用開始と共に、羽田は再国際化することになった。

成田関係者の思い

首都圏の国際線を一手に担うという位置づけで苦難の末に建設された成田空港の関係者にとって、羽田の再国際化に対して抱く気持ちには当然複雑なものがあった。特に候補地選定の段階から大変な苦労を経験し、建設中も過激派のゲリラ攻撃などで職員が多大な被害を被った千葉県の思いは推して知るべしであった。

羽田を離陸する航空機は北風の場合、海の上を急旋回して高度を上げながら千葉の上空を飛んでいくものが多く、また逆に羽田に着陸する航空機は南風の場合、千葉の上空を通って高度を下げながら海の上を急旋回して滑走路に降りていくのが通常で、いずれも千葉上空を利用していた。羽田の4本目が完成すれば、当然この航空機の数は増え、騒音量も増加する。また、羽田の4本目のための埋め立て工事に使う土砂はほとんどが千葉県側で採取されていたため、既に往復するトラックなどが千葉県内の道路での交通混雑を惹起していた。そして何よりも、羽田空港の拡張に伴って再国際化が進み、それが成田空港の国際線ネットワークの維持に影響が出るようなことになれば、それは成田のために力を尽くしてきた千葉県にとっては辛いことになる。このように千葉県にとってはメリットよりディメリットの方が多い羽田の再国際化であったが、それでも千葉県は国の重要プロジェクトであるからとして理解を示し、協力を惜しまなかった。航空局も千葉県には常に感謝し、頻繁に千葉県庁にも足を運んで、工事の進捗状況、飛行経路についての検討状況などを報告していた。私が航空局長の時は堂本千葉県知事であったが、私も毎月のように県庁に説明に伺い、知事も丁寧に話に耳を傾けて下さっていた。

ある時、朝日新聞の夕刊に「航空局、羽田の5本目の滑走路を検討」という見出しの記事が載った。本文には、羽田の再国際化の一層の推進も視野に入れてのことかというくだりもあった。羽田の容量拡大のためには、4本目の滑走路に続いて5本目を建設すべきと主張する人も多いため、航空局も内部で5本目を造った場合の効果を一応分析してはみた。

5本目を造るとすれば、A滑走路と平行して北西から南東方向に延びるC滑走路の更に海側にA及びC滑走路と平行するE滑走路を建設することしか方策はないが、これはおよそ現実的ではなかった。一般的に平行滑走路の理想形は、オープンパラレルといって、2本の滑走路を同時に利用して航空機の発着をさせることができる姿である。言い換えれば、滑走路が1本の場合に通常行う離陸と着陸の交互運用をそれぞれの滑走路で同時に実施できることが望ましい姿である。これが可能となるためには、滑走路と滑走路の間の間隔が十分とれていること、離陸後及び着陸時の飛行経路が比較的自由に設定できることなどが条件となるが、羽田の5本目はこの条件を満足するには程遠かった。羽田の場合は北側及び西側が陸地であるため、現状でもA滑走路は北側への離陸、北側からの着陸には使えない状態である。E滑走路を造ったとしても、C滑走路、E滑走路いずれからの北側への離陸も右側への急旋回、いずれへの北側からの着陸も左側への急旋回を強いられるのは必然であった。このように離着陸についての制約が極端に厳しいことから、5本目の滑走路を造っても4本の場合と比べての容量の拡大は5％以下であるというのが専門家の一致した意見であった。加えて、海上に巨大な滑走路を新設することによって、東京港の機能はほとんど失われることになり、5本目建設の費用対効果は低いどころかむしろマイナスであった。従って、一応の効果分析はしたものの、結果は予想どおりのものであり、航空局としての結論は、「5本目は検討の余地なし」だった。

朝日新聞の記事が載った日、既に帰宅して夕食でもとろうという時に千葉県庁の部長から電話が入った。

「ご自宅までお電話して申し訳ありません。今日の朝日の夕刊の航空局、羽田の5本目の滑走路を検討という記事を見て、知事が激怒しておりまして」

「そのような検討などしていませんし、推測記事、あるいはガセに近いような気がしますが」

「知事がすぐにでも局長とお話がしたいと申しておりますが」

「それは構いません。私の方からお話した方が良いように思います」

部長は、記事をＦＡＸで送ってくれたが、その記事が届くや否や堂本知事から電話が入った。

「前田局長さん。今日の朝日の夕刊ご覧になりました?」

非常に立腹されているのが声から伝わってきた。

「今日を通したところですが。私の方にも取材などありませんでしたし、誰か部外の者から聞いたことでもベースにした推測記事ですね」

「局長さんは羽田の5本目のこと、どうお考えなのかしら」

「私の考え以前に、羽田の5本目は全く現実的ではありません。滑走路を4本から5本にすれば空港容量が25%増えるとでも思っている人もいるかもしれませんが、実際には飛行経路などの関係から発着は5%も増えません。それに5本目など造ったら東京港をつぶすことにもなりますし……」

「そういう検討はなさっているわけね」

「5本目を造るべきだと言う人が世の中にはいますから、局内の者に効果の分析などはさせました。それを検討とおっしゃられても」

「どうして私どもにはお話がなかったのかしら」

「これは知事のお耳に入れるレベルの問題ではありません。航空局が本当に検討を行っているのであれば、その検討の結果も経過も当然ご報告しますが、これはそれ以前の……」

「今までの局長さんはこういうなさり方はしなかったわよ」

取りつく島もないというのはまさにこの状態であり、怒り心頭に発している知事に納得していただく手立ても見つからず、最後は、

「この航空局5本目を検討という記事は誤りですので、そのようにご理解ください」

と断言して、矛を収めていただいた。そもそも五大紙が根も葉もない記事など書くわけもないし、航空局が既成事実化を図ろうとして書かせたとすればとんでもないと知事が受け止めるのは当然と言えば当然であった。また検討という言葉の難しさであるが、一般的に、実行すべき政策について、その実現可能性や、当該政策のメリットディメリットなどを調べたりするのが典型的な検討であり、羽田の5本目のように建設を実行する気もないものについて、何故それが無理か対外的に分かりやすく説明するためにする分析など検討という範疇に入るようなものでもなかった。ただ、5本目ができた時の発着回数の増加がどの程度かを分析したのは事実であり、それをもって検討していたではないかと言えばそのとおりで、その限りで朝日新聞の見出しも虚偽ではなかったことになる。本当に物事の説明は難しいと痛感した。

堂本知事と私のやりとりは新聞記事の真偽についてのことに終止したが、この時知事が抱い

た危機感はもっと深いものに根ざしていた。羽田の4本目の滑走路の供用開始時に3万回の発着枠を使って羽田に国際定期便が開設されることは知事以下千葉県の関係者たちは皆知っていた。羽田の再国際化がこのように大きく進展することは千葉県にとって歓迎するところではなかったが、それでも千葉県側がこれを許容した理由は、今回の国際定期便の開設とこれまで航空局が千葉県に対して一貫して主張してきたこととの間に齟齬がなかったからであった。従来から、航空局は、

「国際線は成田、国内線は羽田という原則は維持する。従って、成田に国際線を受け入れる余裕があるのに羽田で国際線を増便させていくことはしない。しかしながら、成田で国際線を受け入れる余地がない一方で、羽田が一定の国際線を受け入れることができる状態になっても、国際線は成田だからと、首都圏に乗り入れたい希望を持っている会社の羽田乗り入れを拒否するのは如何にも国民不在ではないか」

という主張を繰り返してきた。羽田の4本目の滑走路の供用と共に、1日40便の国際定期便が羽田に就航するが、一方で内外の航空企業の旺盛な増便意欲、長年にわたる首都圏の空港の発着枠の制約を考えれば、この2010年10月の時点で、成田空港の発着枠に余裕が出ることはあり得なかった。言い換えれば、羽田への国際定期便の就航の如何を問わず、成田は依然満杯の状態であり、フル活用された空港のままであった。しかしながら、仮に羽田の5本目の滑走路の建設によって、膨大な発着枠が生み出されるようなことが起こったとして、それが国際線

のために使われることになれば、成田の国際線発着枠に穴が開くどころか、国際線ネットワークのかなりの部分が成田から羽田にシフトすることにもなりかねなかった。これは千葉県にとっては絶対に看過できないことであった。千葉県が羽田の4本目の滑走路建設に伴う騒音問題や道路混雑問題を甘受するのも、羽田への国際定期便の就航を容認するのも、すべて成田空港が依然として国際空港の役割を十分に発揮し続けることが前提にあったからであった。もしこの前提が崩れれば、新空港候補地選定以後の長い年月における自分たちの努力と苦労は一体何だったのかということになり、千葉県としては、自分たちのしてきたことの意義がほとんど失われることにもなりかねなかった。この時の記事の真偽はそれほど重いものであったのである。

羽田の5本目の滑走路の記事に関しては、私への取材は全くなかったが、航空局に在籍していた時代は、課長の頃からよくメディアからの取材を受けた。特に国際線あるいは国際航空に関しては一般の関心も高いせいか、国土交通省の記者クラブの若い記者さんたちがよく私の所へやってきた。国家公務員には守秘義務があり、メディアに対して話すことのできない事実も多く、また報道されてしまうとその後の仕事が進めにくくなることもあるので、取材に対して比較的消極的に対応する人間が役所には多い中で、私はいつも取材には積極的に応じた。それは、行政がどのような考えのもとにどのような仕事をしているかを広く国民に知って欲しいと思っていたからである。記者の人たちは、日々ありとあらゆる分野を取材して記事を書かなくてはならないため、当然ながら個別の分野の知識は浅い。特に国際航空の分野は、テクニカルと言うほどではないが、基礎的な仕組みが理解できていないと現象だけを見てもさっぱり分からないので、私はいつもその基礎部分からなるべく丁寧に説明した。また具体的な事案について取材を受ける際には、時にはオープンにするのになじまない事実も含めて説明をした。例えば1から10まで順番に話すうちの3と6と7が取扱注意の事項であったとする。その際には記者に「今話したのが全貌だが、このうちの3と6と7はオープンにできない事柄なので書かないように」と釘をさしておく。記者もプロなので、3と6と7は外して残りを上手につなげて書くのであるが、出来上がった記事を読むと極めて正確である。それは1から10までのすべてを頭に入れてその事案を正確に理解した上で書いているが故である。後日、再度取材に来て、先般はおかげさまで良い記事が書けましたとお礼を言う記者がいるので、私は言ったことがある。

「私の説明を理解して正確な報道をしてくれることは私にとってもうれしいことである。また記事には常に主張というものがあるし、その主張も正確な理解に基づいた客観的かつ公平なものでなくてはいけないと思っている。残念ではあるが、記者さんたちの中には役所をたたけば記事になると思っている人もいる。役人の私が言うのもどうかと思うが、例えば私があなたに1から10までありのままを説明する、それを聞いて役所がおかしいことをしていると思ったら、おかしいことをしていると書くべきであるし、逆にもし役所が良いことをしていると思ったら良いことをしていると書くべきではないか。これは報道において非常に大切なことの一つであると私は思っている」

これは決して役人である私が役人としての希望を述べているのではない。新聞紙上の記事にしてもテレビで放映される記事にしても、客観的に事実だけを述べているようでいて、そこには当然ながら主張というものがある。その主張が公平な視点に基づけばそれは正しい世論形成に多大な貢献をするし、その主張が公平さを欠いたものであれば、国民に誤った認識を植え付けかねない。ペンは剣よりも強く、ペンは剣よりも怖い所以である。航空に関するものについても、素晴らしい記事、やや首をかしげる記事、いろいろ見ながら常に感じていることであった。

羽田の再国際化についての官邸の意向はと言えば、経済改革の目玉の政策の一つであり、どんどん推進すべしというのが基本姿勢であった。しかしながら、一方で成田の重要性についても、これを十分に認識しており、羽田の国際化は成田の有効活用と並行して進めるべきものとの考え方であった。これは２００８年の閣議決定の「首都圏は、羽田を世界に開き、成田と一体的に24時間運用して、国際航空機能を高める」の文言からも明らかであった。

国会議員の先生方はと言えば、羽田の方が便利なのだから国際線もやれるだけ羽田でやれば良いというような乱暴な考えの方も少なくはなく、「国際線は成田、国内線は羽田が原則などと本当に国交省の人間は頭が固い」と言われる先生もいた。その中にあって、千葉県選出の議員の方たちは、当然ながら成田のことも十分に考えて欲しいというお立場だった。それは単に地元だからという理由だけでなく、やはり成田空港がどのようにして作られ、またその後の歩みがどのようであったかをよくご存じの故だった。中でも成田議員連盟の幹事長の任にあった先生は、成田空港の発展のために本当に心を砕き、地元対策などにも多大な貢献をされていた。航空局も先生にはいつも助けていただき、感謝に耐えなかった。全日空と日本航空の深夜早朝時間帯の香港への定期的チャーター便の運航が決定した頃、その先生に呼ばれて議員会館に出向いた。部屋に入っていくと先生はニコニコ笑っている。

「おう。また羽田からどこかやるんだって」

「はい。本邦企業だけですが、香港へ」

「香港か。いいじゃないか」

怖いなと思った瞬間、先生の表情が変わった。

「一体どこまでやれば気がすむんだ。お前は」

成田が閉じている深夜早朝の便ですので、と口に出かかったが、そのような弁明は不適切だと直ちに口をつぐんだ。千葉県知事にしても、成田議連の幹事長の先生にしても、成田空港に意を注いできた人たちにとっては、羽田で国際線が拡大していくという事実だけでも複雑な思いで受け止めざるを得なかった。成田空港にとって羽田の再国際化がどのような重い意味を持つのかは、成田の関係者でなければ分からない部分でもあった。

◆民主党政権下の羽田

2009年に入って、羽田の再国際化に大きく影響を与えた政治事象が2つあった。一つは9月の民主党政権の発足、もう一つはこれに先立つ4月の森田千葉県知事誕生であった。

民主党政権は、悲願の政権交代を実現し、まさに意欲満々であった。しかしながら、政権与党としての政策遂行に当たってての問題点もないわけではなかった。その問題点の一つは、当時の民主党は、外部から得た情報を、十分な検証もしないでそれを真実と受け止めてしまうことであった。また、もう一つの問題点は、自民党政権下で行われたことはとにかく間違いであると決めつけて、それを全否定することをすべての出発点としていることであった。

航空行政についても指摘はいくつか受けたが、そのうちの一つは空港整備特別会計の見直しだった。その内容は、

「空港整備特別会計は問題点だらけであり、抜本的な見直しが必要である。またこの特別会計には2兆円を超える埋蔵金があり、これも解決すべき問題である」

というものであった。私も国土交通大臣から、

「財務大臣も空港整備特別会計の見直しは徹底的にやれと言っています」

と言われて、

「はい、分かりました」

と返事はしたものの、どこを見直すべきとされているのか見当もつかなかった。空港整備特別会計は、空港使用の対価として航空会社から徴収している着陸料等や航空機燃料税等の公租公課を中心とする歳入で成り立っているが、これだけでは滑走路の増設などの建設費用や維持運営費などを賄いきれず、一般会計の補てんを受けているような特別会計である。当然ながら無駄な支出は一切なく、見直すべき点は見当たらなかったし、まして埋蔵金などあるわけもなかった。羽田空港を売却でもすれば、2兆円以上にはなるが、埋蔵金というのはそのことでも言っているのであろうかと意味のない想像をしたりした。いずれにしても、この見直し論は、「行政には必ず無駄遣いがある」、「特別会計には必ず埋蔵金がある」など外部からの根拠のない情報に基づくものであるのは明らかかと思われた。


羽田の再国際化に関しては、国土交通大臣の就任直後の記者会見で、

「羽田の24時間国際拠点空港化を実現します」

という発表があった。既に自民党時代の2008年6月の閣議決定で、昼間3万回、深夜早朝3万回の国際定期便を就航させることは決まっていたので、この発表は特に新しい内容のものではなかった。ただ、2008年の閣議決定が「羽田は、昼間はアクセスの利便性を生かせる路線を中心に国際線の増加を推進し」と述べているように、羽田の昼間時間帯は近距離国際線

に重点をおく方針であったのに対して、今回の発表は、昼であろうが夜であろうが、近距離であろうが長距離であろうが、とにかく羽田からはどんどん国際線を飛ばすという趣旨であったと思われる。これも、羽田には発着枠が十分にあり、やろうと思えば国際線はいくらでもできるという誤った情報がインプットされていたことによるものと推測された。またこの発表の際、「日本には現在ハブ空港がなく、日本人にとっては韓国の仁川空港がハブになっている。日本人が地方から仁川空港経由で海外に行くのが一般的になっているこの現状を打破するのが羽田の24時間国際拠点空港化のねらいの一つである」との説明がなされた。前述のように、韓国の航空企業によってソウルと日本国内23都市が結ばれており、韓国企業が日本で乗せた旅客を仁川まで運び、仁川から自社便で第三国へ運ぶという例は実際にないことはなかった。面白い現象なのでメディアなどでも取り上げられたことはあるが、これをもって日本のハブは仁川であるというのは完全に誤っていた。ソウルと国内23空港が結ばれていると言っても、新千歳、関西、福岡、那覇などの幹線空港からは成田への国内線があり、これらの空港から外国へ行く旅客は当然成田を経由する。従って仁川経由を利用するのは成田への国内線を持たない地方空港からの旅客だけである。これらの地方空港からのソウル便はデイリーでなく、週3便、週4便ということも多く、また仁川に着いてから接続の良い便も限定されている。言い換えれば、出発日がソウル便のある日で、更に仁川空港においてて自分が行きたいと思っている目的地への便への接続が良い場合は、大いに便利とこの仁川経由を利用するが、その絶対数は決して多くない。実際に、日本の各都市から仁川を経由して第三国へ行く日本人旅客の総数よりも、ソウル及びプサンから成田空港を経由して第三国へ行く韓国人旅客の総数の方が多く、これだけをとってみても、日本人にとってのハブは仁川というのは的外れであった。民主党の方々には何度も説明をしたが、余程この「仁川ハブ論」が気に入っていたのか、いつまでも持論として展開していた。

この「羽田24時間国際拠点空港化」の発表は、当然ながら千葉県をはじめとする成田関係者には衝撃を与えた。これが、羽田の再国際化に関して、2008年の閣議決定より大きく踏み込んだものになるとすれば、これまでの「成田空港をフル活用しながらの羽田の再国際化」の基本線が崩れることになり、航空局と千葉県との信頼関係への影響が懸念された。

案の定、発表の当日、千葉県庁前の会見で、森田知事は記者の質問に、非常に険しい表情で、

「国土交通省には厳重に抗議します」

と答えていた。翌日、森田知事は成田市長を伴って早速国土交通省を訪れた。私も、どのような厳しい発言があるかと、緊張しながら知事をお出迎えした。ところが、森田知事は、国交省の幹部を前にするなり、満面の笑みを浮かべ、大臣の肩をポーンとたたきながら、

「こういう話はさあ、もうちょっと前もって言っておいてよお」

と言い、その後も抗議らしい抗議の一言もなかった。これには成田市長も私も唖然とする思いだった。森田知事は誰からも好かれる性格の持ち主で、その後も立派な仕事をされた素晴らし

い知事であるが、この時は就任後半年弱であり、成田の歴史の持つ重みを肌で感じるには至っていなかった。更に、２００８年の閣議決定に基づく羽田の再国際化の方針と、今回の民主党政権の方針との関係などが考慮の中に全くなかったとしても、それは致し方のないことだった。その後の大臣室での会談では、成田市長から羽田の再国際化に対する地元の思い、これまでの地元の理解と協力についての説明があったが、これには大臣を始めとする幹部も真剣に耳を傾けていた。

いずれにしても、この時点において、政権与党内部でも、成田の関係者の間でも、成田のために羽田の再国際化を抑制する力が働く余地はほとんどなくなった。

民主党政権発足から3か月ほど経過する間、与党の中でも、羽田は滑走路増設によっても発着枠には上限があり、国際線は飛ばしたいだけ飛ばせるような状態ではないこと、国際線の開設や増便については航空交渉などを通じた相手国との合意が必要であり、こちらだけで勝手に決められないことなどがようやく理解されてきた。その頃、私は民主党政権から、「国際線はあとどのくらいやれると思うか」との問いかけを受けた。

4本目の滑走路の建設によって、羽田の昼間の時間帯のスロットは最終的に3本の滑走路の時から10・7万回増加するのであるが、２０１０年10月に予定されている最初の3万回はすべて国際線に割り当てることが決まっていた。残りの7・7万回について、当然国内線を中心に割り当てなくてはならないことを勘案すれば、追加の国際線は3万回くらいが限度ではないかと考えていた私は、「あと3万回までは可能であると思っている」旨回答した。2010年の国際線3万回を倍増させることとなるこの数字は、民主党政権にとっても満足のいくものであったらしく、この後、国土交通大臣を始めとする幹部は、いろいろなところで、

「今の3万回に加えてもう3万回、3万回プラス3万回を実現します」

と繰り返すようになり、これが2010年5月の成長戦略会議の報告書に反映されることになる。この報告書では、羽田における国内・国際間配分の基本的な考え方として、

「羽田昼間時間帯については、『アジア近距離ビジネス路線に限定』している現在のルールを廃し、アジア長距離路線、欧米路線も含め、『高需要、ビジネス路線』が成田に加え、羽田からも発着できるルールに変更する。これを可能とするため、羽田の発着枠44・7万回が達成される時点で、今後の首都圏の国内・国際の伸びを勘案しつつ、昼間時間帯3万回の発着枠を更に国際線に配分する」

と記された。これによって、3万回の追加、2010年10月の3万回と合わせて合計6万回を国際線に使うことが政府の方針として確定し、これが2012年3月の「羽田の昼間時間帯の国際線6万回」の閣議決定に結び付いていく。

この成長戦略会議について説明すれば、航空分野は、製薬会社社長に座長を依頼し、そのほか各企業の幹部、学識経験者をメンバーとして、国土交通大臣、副大臣、政務官を交えて議論

を行う会議であり、航空分野の会議でありながら、航空局長以下は出席は許されるが、単なるオブザーバーであり、発言の機会は与えられなかった。また航空局は報告書の基礎となるデータ類の提供は行うが、報告書の内容などは一切関知しなかった。これは民主党政権の基本理念である「官僚主導から政治主導へ」の一環であった。官僚は外に向かっては事実関係の説明をすることのみ許され、政策を語ることは禁じられたが、これは一種の言論統制であり、民主主義の日本では考えられない異常事態であった。組織に生きる人間である以上、大臣を始めとする上司の指示に従うのは当然であり、事実、大臣の意に反して行動する官僚などいない。各分野の専門知識はあるので、大臣レクなどでそれをインプットすることはあるが、それは官僚が主導していることにはならない。従って、官僚主導で物事が決定されてきたと考えること自体が誤りであり、この誤った認識に基づく種々の言動規制は多くの弊害ももたらしていた。成長戦略会議の報告書について見ても、羽田の国際線についての「アジア近距離ビジネス路線に限定している現在のルールを廃し」のくだりなど事実誤認が認められた。自民党政権の下での2008年6月の閣議決定では、羽田の昼間時間帯は「羽田のアクセス利便性を生かせる路線」を中心に国際線の増加を推進する旨が述べられていた。これは、フライト時間の短い近距離線の方がアクセスの良い空港になじむこと、観光客に比べてビジネス客の方が移動時間の短縮による有難みをより感じることなどから、羽田のアクセス利便性を生かせる路線として優先すべきは近距離ビジネス路線であり、成田との役割分担上もこれが好ましいとの考慮によるものである。羽田の国際線を近距離ビジネス路線に限定するという発想はなかったし、ましてルール化などしていなかった。自民党時代の政策はすべて否定したいとの思いが根底にあったのかもしれないが、重要な政策を議論する時こそ、現状及び経緯などについての正確な理解が必要なのにとつくづく感じた。

D滑走路供用開始

2010年10月、待望の羽田空港D滑走路が完成した(左頁資料)。この滑走路建設には多摩川の流れを妨げないようにする観点から、桟橋と埋立を組み合わせたハイブリッド方式が採用された。即ち、滑走路の北側2/3は埋立、多摩川の流れの先となる南側1/3及び連絡橋部分は桟橋による工法で建設が行われた。この周辺の海底は超軟弱な粘性土であるため、埋立部分は大規模な地盤改良を行い、然る後に埋立部分の外周部分に捨石護岸を構築し、護岸の安定を確保しながら内部の埋め立てを行うという大工事となった。また桟橋部分は、鋼管の杭を何か所にも打ち、ジャケットと呼ばれるジャングルジムのような形をした鋼製の構造物を海上運搬してきて上からすっぽりかぶせる最新の工法を取り入れた。埋立部分の土砂は東京ドーム31杯分の3800㎥、桟橋部の使用鋼材は東京タワー83塔分の35万tに及んだ。また埋立部分と桟橋部分の接続部には地震、温度変化などによって亀裂、損傷などの変位が起こらないよ

出典：国土交通省航空局『羽田空港のこれから』

うに伸縮装置が設置されるなど、特殊構造であるが故の工夫も施されていた。またこのD滑走路の運用開始に伴い、既存の管制塔では高さ不足で空港全体の視認が十分できなくなるため、新管制塔が建設された。これは世界で4番目に高い116mの管制塔で、360度に開かれた開口部を通じて空港全体から空港周辺まで広大な範囲を見渡せるように設計された。

　これらの大工事を経て、4本の滑走路を擁する空港として新たな出発をした羽田空港であるが、最大の難点は管制が複雑なことであった。発着を最大限にするためには4本の滑走路をフル活用する必要があるが、A、C滑走路とB、D滑走路が相互にクロスしているため、航空機の離着陸もクロスして行われるばかりか、このような滑走路の位置関係に起因して地上を走行する航空機に対する地上管制も他空港と比べて複雑なものとなった。このため、羽田の発着回数は管制官の慣熟と並行して増加させていかざるを得ず、具体的には2010年10月の時点で約3万回増えて33万回となった昼間の発着枠が、3年半後の2013年3月に37万回、更に1年後の2014年3月に40・7万回と漸増していくこととなった。これらの増加分の使い道であるが、2010年10月の3万回はすべて国際線、2013年3月の4万回はすべて国内線、2014年3月の3・7万回のうち3万回は国際線、0・7万回は国内線に割り当てられることとなっていた。また夜間の発着回数は、環境への配慮から4万回が上限とされていたが、このうち3万回は国際線に割り当てられることとされ、2010年10月の時点で既に国際定期便のために使用することが可能となっていた。

10月は、航空会社の冬スケジュールのスタート月であるが、D滑走路オープン後の2010年冬スケジュールにおける羽田の昼間時間帯の国際定期便はP142の表のとおりである。

2008年6月の閣議決定で2010年10月以降3万回を国際定期便に割り当てる旨が決定されて以降、韓国、香港、中国、台湾との間で定期的チャーター便を定期便化するための協議が行われ、2010年の冬スケジュールは、その時の合意内容が概ね反映されたダイヤとなった。ただし中国だけは、本来日中双方8便ずつ運航開始予定であったにも関わらず、結果は4便ずつに留まった。これは、2009年4月の日中航空協議で、羽田—虹橋と羽田—北京首都国際の定期的チャーター便を定期便化することが合意されると共に、残り双方4便ずつについ

羽田空港国際線拡大の経緯

首都圏空港（羽田・成田）の年間発着枠の増加

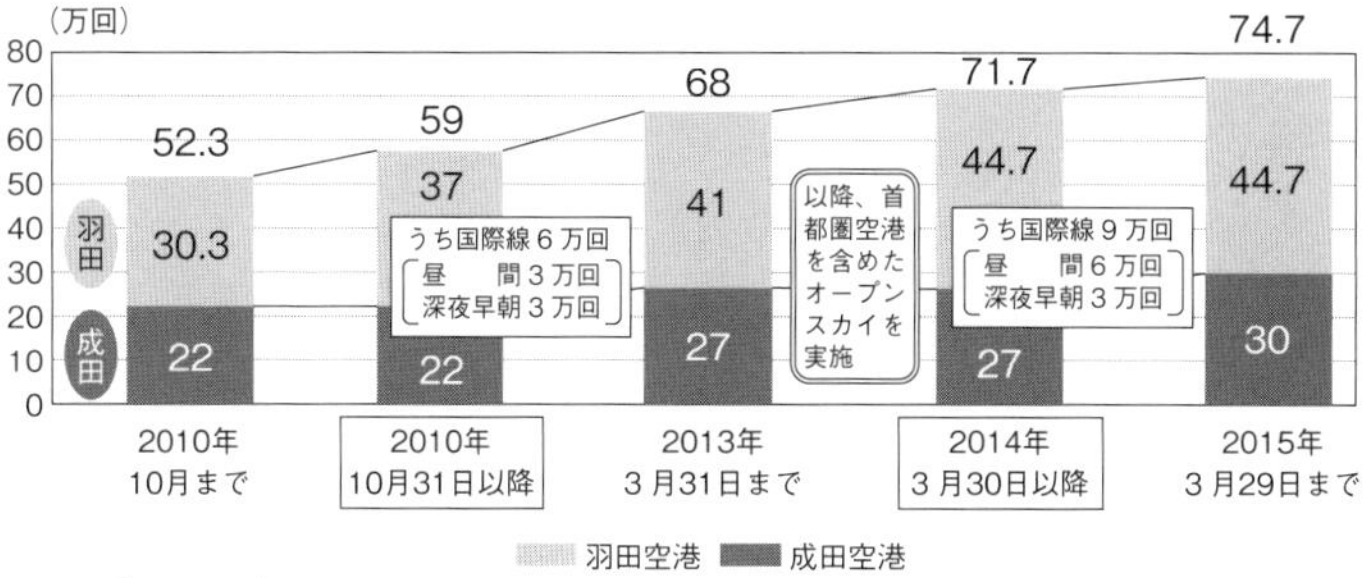

＊1. いずれも年間当たりの回数。
＊2. 回数のカウントは、１離陸で１回、１着陸で１回のため、１離着陸で２回とのカウント。
＊3. 2010 年 10 月 31 日以降の羽田空港の発着枠数の中には、深夜早朝便の運航に使われる回数（4 万回）も含まれる。

ては次回以降の協議で決定することとされていたが、その後尖閣諸島問題で日中関係が悪化して協議が開催されなかったため、２０１０年10月にこの分の就航が間に合わなかったからであった。年間3万回の発着を使えば1日40便の運航が可能であるにもかかわらず、この冬ダイヤがトータル32便となっているのは、日中双方4便ずつの羽田便について未だ当局間で合意に至っていなかったためである。本来ならば、折角の40便をフルに就航させたいところであったが、結果として、昼間時間帯は国際定期便32便でのスタートとなった。

深夜早朝の時間帯についても、昼間時間帯と同様に、２００８年6月の閣議決定で3万回の国際定期便を実現することとされたため、閣議決定直後から諸外国との航空協議が開催された。これも通常の二国間協議のやり方に基づき、まず本邦企業から希望する路線を聴取し、その路線の相手国と協議を行う

羽田国際線就航予定①（昼間時間帯）（2010年10月以降）

国・地域	就航都市	運航企業	便数（/日）
韓国	ソウル（金浦）	日本航空	3
		全日本空輸	3
		大韓航空	3
		アシアナ航空	3
香港	香港	日本航空	1
		全日本空輸	1
		キャセイパシフィック航空	2
台湾	台北	日本航空	2
		全日本空輸	2
		エバー航空	2
		チャイナエアライン	2
中国	北京（首都）	日本航空	1
		全日本空輸	1
		中国国際航空	2
	上海（虹橋）	日本航空	1
		全日本空輸	1
		中国東方航空	1
		上海航空	1
合計4ヵ国・地域 5都市			32 （本邦16・外航16）

※ いずれの便も、2010年冬季スケジュール期首日（2010年10月31日）より定期便として就航予定

ことを基本としたが、昼間時間帯に羽田を使うことができない国については、その国の航空会社の希望に配慮して協議に応ずることもあった。また、羽田の深夜早朝便の権利を取得しても、航空会社が、機材の調達、ダイヤ調整などに起因して、当面運航を見合わせる場合もあり、これらの理由から、深夜早朝時間帯については、昼間時間帯と異なり、日本企業と外国企業が路線ごとに必ずしも同じ便数になっておらず、またトータル便数も、年間3万回をフルに使えば、最大で1日40便まで可能であるにもかかわらず、この時点では22便に留まっている。

このように、2008年の昼間3万回、深夜早朝3万回の羽田の国際定期便を実現するという閣議決定以来の諸外国との度重なる交渉を経て組まれた2010年冬ダイヤであるが、結果としては、路線も多様で、かつ成田との共存共栄も維持できた立派な羽田の再国際化のスタートとなった。

羽田国際線就航予定②（深夜・早朝時間帯）（2010年10月以降）

国・地域	就航都市	運航企業	便数（/日）
韓国	ソウル（仁川）	大韓航空	1
		アシアナ航空	1
香港	香港	香港エクスプレス航空	1
タイ	バンコク	日本航空	1
		全日本空輸	1
		タイ国際航空	1
マレーシア	コタキナバル	マレーシア航空	1
	クアラルンプール	エア・アジアX	1
シンガポール	シンガポール	日本航空	1
		全日本空輸	1
		シンガポール航空	2
米国	ニューヨーク	アメリカン航空	1
	デトロイト	デルタ航空	1
	ロサンゼルス	全日本空輸	1
		デルタ航空	1
	サンフランシスコ	日本航空	1
	ホノルル	日本航空	1
		全日本空輸	1
		ハワイアン航空	1
カナダ	バンクーバー	エアカナダ	1
フランス	パリ	日本航空	1
イギリス	ロンドン	ブリティッシュ・エアウェイズ	1
合計9ヵ国・地域14都市			22 （本邦9・外航13）

※　備考に注記のないものは2010年冬季スケジュール期首日（2010年10月31日）より定期便として就航予定

羽田空港における国際線ネットワーク（2010年10月以降）

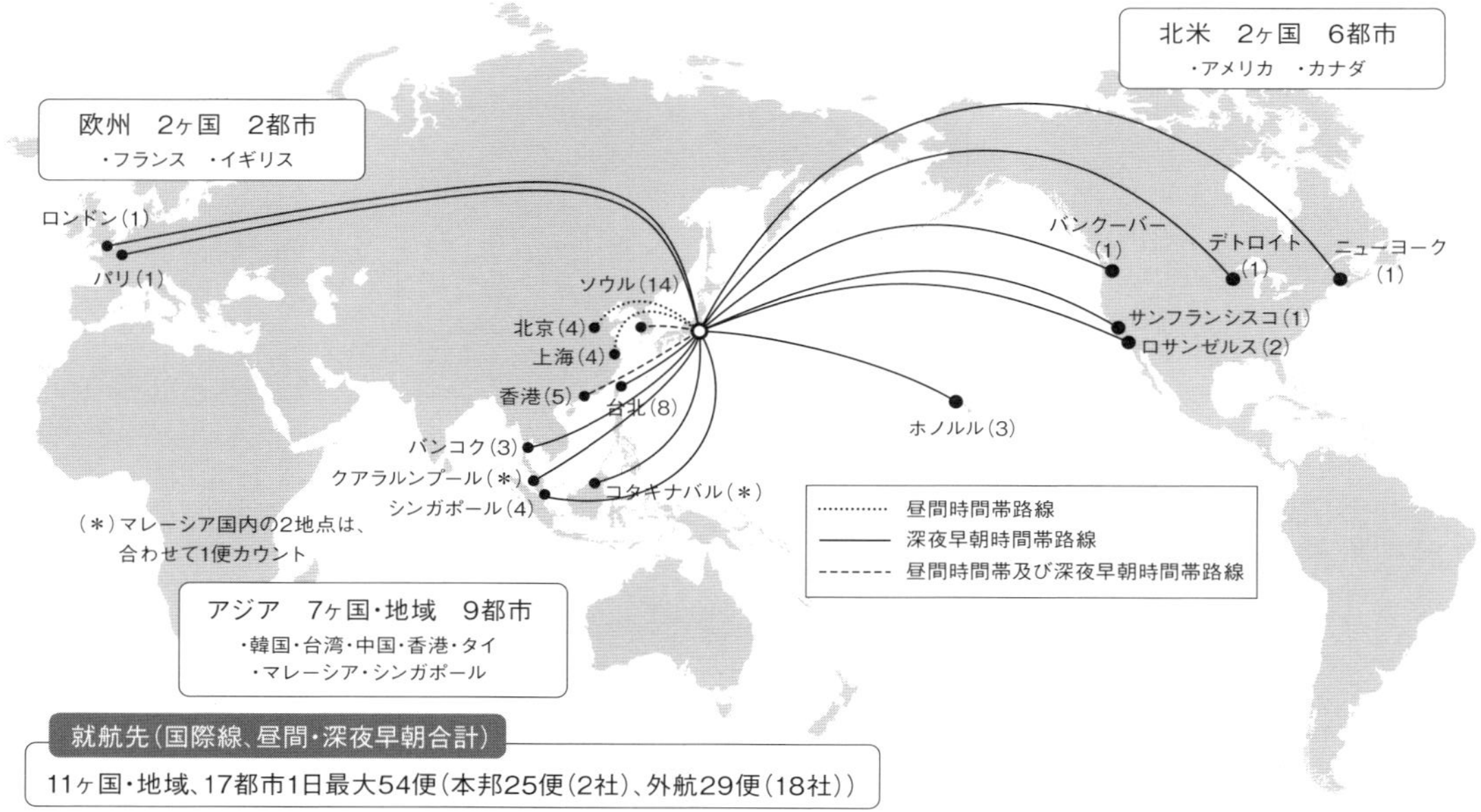

就航先（国際線、昼間・深夜早朝合計）

11ヶ国・地域、17都市1日最大54便（本邦25便（2社）、外航29便（18社））

※事業計画認可ベース
※便数は2010年冬期スケジュール期間中の最大便数

第六章　羽田の国際線の拡大

◆路線拡大の行方

羽田の再国際化の次のステップは、更なる3万回の国際線の増枠であった。２０１０年５月の成長戦略会議の報告書で追加の３万回の決定が成された時、この３万回がどのような路線に使われることになるかを私なりに予想してみた。韓国、中国、台湾、香港については既に２０１０年10月の段階で相当な便数が運航されることになっており、これに追加の３万回の一部が使われる可能性も否定はできないが、優先順位はやはりこの４つの国、地域以外の方が高いと考えられた。中長距離路線について考えると、ロンドン、パリ、フランクフルト、米国東海岸１地点、西海岸１地点、バンコク、シンガポールは最右翼とも言うべき候補地である。これらの地点は日本航空も全日空も共に希望するであろうし、それぞれの地点について相手国側にも２便与えるとすると、例の４便１セットの考え方に基づけば、これで７セット28便分は使われることになる。年間３万回は１日40便なので残りは12便であるが、この使い方については必ずしも４便１セットの方式を踏襲するのではなく、２便、０・５セットで６地点に使われる可能性もあると思われた。即ち、例えば、日本航空がオーストラリアに飛ぶのであれば、全日空はベトナムに飛ぶという形で、本邦企業２社が相手国の航空会社との提携関係なども考えながら別々の地点を行先とする羽田便を開設することはあり得るし、その方がそれぞれの戦略を生かせることにもなると考えられた。いずれにしても、私は、羽田の貴重な枠があくまでも日本航空、全日空に公平に割り振られることを大前提に、今後の羽田発着の国際路線の展開を思い描いたのであるが、現実は、私の予想に全く反していた。その背景には、日本航空の破綻があった。

◆日本航空破綻への道

日本航空は、過去において、経営面で厳しい時期が何度かあった。航空業界は極めて景気の影響を受けやすい業界で、日本航空も景況の悪化に伴って危機的な状況を迎えることがあったが、その度に、景気が上向くと何とか持ちこたえてしまうということの繰り返しで、それがかえってリストラを遅らせる原因にもなっていた。倒産の2年前の2007年も、170億円ではあったが、純利益を上げて、経営状態は決して悪くなかった。そこに2008年9月のリーマンショックが襲った。リーマンショックは各分野にわたって数多くの企業に深刻な影響を与えたが、特に日本航空はこれによってその体質のもろさを露呈した。国際国内の航空需要の減退は、通常の景況の悪化の際とは比較にならないほど大きく、日本航空の収益も著しく低下した。手元のキャッシュも流出していき、当然ながらこれを補うための融資が必要となったが、この時の金融機関の対応は、予想以上に厳しかった。もともと各金融機関は、「困ったらつなぎ融資」一本の日本航空の甘え体質には嫌気がさしており、特に今回のような未曽有の経済危機の下で、日本航空がいつものお付き合い融資で持ちこたえることができるかについても懐疑的であった。この危うい状況の中、私は日本航空再建についての考えを何人かの識者から聴取した。その一人は、

「私は会社更生法の適用も一つの方策かと思います。会社更生法のことをつぶれた会社を生き残らせるための手続きを定めた法律と思っている人もいますが、そうではなく、これは会社を抜本的に立て直す有効な手段を提供している法律なのです。特に日本航空のような高コスト体質から抜け出せない会社は、会社更生法で根本から体質を改めてしまうことも得策かと思います」

と述べてくれた。非常に参考になる貴重な意見であると思ったが、会社更生法を適用すれば、借金は踏み倒し、株券は紙くず、いくら日本航空は立て直せても、これだけ国民に迷惑のかかることは、担当局長の私としては絶対に避けたかった。それに２０１０年10月になれば羽田の4本目の滑走路ができる、その後は成田の発着回数も増加する、「イールドの高いスロット」言いかえればお金儲けのできる発着枠が大量に捻出される、資金さえつなぐことができれば、超低空飛行かもしれないが、日本航空も何とか持ちこたえて、２０１０年末くらいからは上昇に転じられるのではないか、私はそう考えた。

２００９年4月22日、私から日本航空に対し、「国際旅客、国内旅客、国際貨物の各分野における事業展開のあり方や、会社の有する経営資源や費用構造等について総点検を行った上で、

今後3か年を計画対象期間として、安定的な経営基盤を確立するための経営改善計画を早急に策定する」ように指示を出した。その際、日本航空には、金融機関から必要な融資を受ける絶対条件はコストの縮減であり、そのためにも今年度中にもでき得る限りのリストラを行うことを計画に盛り込むべきと伝えておいた。しかしながら、日本航空の改善計画の内容に金融機関が十分満足する保証もないため、私は別の手立ても考えた。外国航空会社、具体的にはデルタ航空との提携である。当時のデルタ航空は世界最大の航空会社であり、ここが日本航空に出資するとなれば、金融機関にとって融資を行うに際しての重要な判断材料の一つになり得るのではと考えたのである。また、デルタ航空を提携先の候補としたのにはそれ以外に大きな理由があった。

コードシェアという言葉は一般に知られているが、これが何のために行われているかは意外と知られていない。例えば、全日空はルフトハンザと提携しており、東京―フランクフルト間の便にお互いが自社のコードを相手側の便に付している。これらの便は共同運航であるので、両者とも自社の旅客を相手側の機材で運ぶことができる。全日空とルフトハンザが東京―フランクフルトを2便ずつ運航している場合で言えば、この両社で運航している4便のうち、往路、復路どの便を組み合わせても、全日空は全日空、ルフトハンザはルフトハンザの往復切符を売ることができる。即ち、このコードシェアを通じて、全日空及びルフトハンザは、共に自社で4便を運航しているのと同じ効果を得ることができる。また、全日空はフランクフルトから欧州内各都市へのルフトハンザ便に全日空のコードを付しているが、これによって全日空は自社で運航していない欧州内各都市へ自社の切符が売りやすくなる。即ち、全日空便で東京からフランクフルト、フランクフルトでルフトハンザ便に乗り換えてマドリッドへ行く旅客に対し、全日空は、NH東京発マドリッド行きワンストップという自社の切符を容易に売ることができるようになる。更に全日空はフランクフルト行きの旅客だけでなく、フランクフルトで乗り換えて欧州各都市に向かう旅客を積み合わせてフランクフルト便を運航することができるため、当然東京―フランクフルト線のロードファクターも改善する。実際に全日空のフランクフルト便の旅客でフランクフルトが最終目的地なのは通常40%以下、裏返せば60%以上がフランクフルトから他の地点に乗り継いでおり、これを見れば全日空が如何にコードシェアを有効に活用しているかが明確である。逆に、ルフトハンザも東京から日本国内及びアジアの各地点への全日空便にコードを付することによって東京以外の地点を最終目的地とする旅客も含めてフランクフルト―東京便に乗せることができる。このように、コードシェアは航空会社間の提携の一類型であるが、これ一つをとってみても、提携が双方の市場拡大、収益性向上に寄与することが分かる。

日米間での航空会社間提携に目を移すと、日本航空の提携相手はアメリカン航空、全日空の提携相手はユナイテッド航空であり、共に双方日米間路線及び就航している相手国内地点と第三国地点との間にコードを振っていた。デルタ航空、アメリカン航空、ユナイテッド航空は米国の三大大手であるが、デルタ航空にしてみれば、ライバルの2社が太平洋線では日本企業の便を活用し、また東京からも日本国内やアジアの地点への日本企業の便にコードを付して自社の旅客を運んでいるのに、自分だけは太平洋線は単独で頑張らざるを得ず、東京から先も日本企業の協力が得られない状態だった。一時期はスカイマークとの提携の可能性も模索したが、日本航空、全日空とは事業規模の差があまりにも大きく、提携のメリットが認められないとして断念した。デルタ航空にとっては、日本及びその周辺での自社の優位性確保のためには、のどから手が出るほど欲しい提携相手であり、日本航空がアメリカン航空との提携を解消して自分に乗り換えてくれることは、まさに起死回生の一撃になり得た。

私が日本航空とデルタ航空の提携を考えた背景には、デルタ航空が日本航空への出資者として最有力候補であることもあったが、それ以上に、長期的視点に立った場合、日本航空は現在加盟しているワンワールドというアライアンス（航空連合）から、スカイチームというアライアンスに移行した方が得策であると判断したことがあった。米企業についてみた場合、スカイチーム加盟のデルタ航空は、ワンワールド加盟のアメリカン航空と比べて、太平洋線においてはるかに大きなシェアを持っていた。かつて、太平洋線における米企業はパンアメリカン航空とノースウエスト航空の2社であった。パンアメリカン航空が撤退した際にその権益はユナイテッド航空が継承し、その後ノースウエスト航空はデルタ航空に合併されたため、かつての太平洋線の権益はユナイテッド航空とデルタ航空に二分され、後発のアメリカン航空の追随には限界があった。またノースウエスト航空は成田から数多くのアジア路線の運航も行っていたため、これを合併したデルタ航空の成田における発着枠の数はユナイテッド航空をもはるかに上回っていた。このように、提携による市場拡大の効果については、アメリカン航空よりもデルタ航空により大きなものが期待できた。欧州企業についても、ワンワールド加盟の英国航空は、当時ヴァージンアトランティック航空の追随を許すように、エールフランス－KLMやルフトハンザのように市場を席捲する勢いもなく、加えてロンドンという地点も地理的な観点からコードシェアによる第三国への市場拡大に限界があり、スカイチームの下でパリ、アムステルダムを活用する方が得策と思われた。また、韓国、中国、台湾の航空会社はワンワールドへの加盟がなく、日本企業にとってのそれぞれの国、地域の重要性を考えれば、大韓航空、中国東方航空、中華航空をメンバーとするスカイチームの方がより広い提携関係を望むことができた。

このように短期的には日本航空の救済、長期的には日本航空の有効な国際戦略の展開に資するデルタ航空との提携、スカイチーム加盟であり、その実現可能性を追求するため、私はデルタ航空と連絡をとってみた。日本での提携相手欲しさに身を乗り出してくるデルタ航空に対して、私は、アメリカン航空との提携関係を解消させてデルタが新たなパートナーになるのは簡単な話ではない、少なくとも日本航空に対する出資金を用意するなどカウンターパートとしての役割を果たす必要があるのではないかと伝えた。デルタ航空側も協力関係構築のためにはできる限りの支援をするとの姿勢であり、出資金も500億円相当は用意できるとのことだった。

私にとっては、デルタ航空の出資そのものが重要であり、金額はあまり問題ではなかったが、一応確認のため、協力できる範囲はそこまでかと尋ねると、

「もし日本航空がこちらと提携してくれるのであれば、エールフランスや大韓航空などスカイチームのメンバーも出資に協力するであろうし、もちろんデルタ航空もこれだけしか出せないということではない。プラスアルファはあると思ってもらって構わない」

との答えだった。デルタ航空だけでなく、スカイチーム全体が日本航空を支えるとなればこれ程心強いことはないと、望外の答えに気分が少し明るくなった。

8月20日、国土交通省に「日本航空の経営改善のための有識者会議」が設置された。これは、日本航空の経営改善計画が、企業再生に関する専門的な知見や第三者の立場からの客観的な見解等を反映させた抜本的なものとなることを目的とするものであった。その日に開かれた第1回会議では、日本航空から、4月に出した私の指示に基づいて策定中の経営改善計画の方向性について説明があり、路線の減便・廃止や機材数削減、コスト削減などの収支改善を始め、事業構造の変革にかかわることも含めて検討をしているとの報告がなされた。これに対して委員からは、

「説明には抽象論が多く、緊迫感に欠ける」

「国際競争で勝っていくための哲学、考え方が確立していない」

「従来から日本航空が慣れ親しんできた会社の経営の発想が抜けきれていない」など厳しい意見が相次いだ。

9月15日に開催された第2回会議では、次の3点を柱とした施策が日本航空から報告された。

1．「路線便数の大幅見直し」
リスクのより高い国際線の比率の引き下げ、コストの高い地点からの撤退、機材小型化などによる適正供給量の設定

2．「コスト削減」
大幅な人員削減、乗員の賃金・手当の見直し及び年金の大幅見直しなどによる人件費削減

3．「企業構造の柔軟化・多様化」
貨物分野事業の日本郵船との共同事業化、リゾート事業についての外部資源の導入などによる資産規模圧縮、他社資源の活用を通じたリスク耐性の強化

この報告に対して、その内容の基本的な方向性については一定の評価ができるという点で有識者の意見は一致したが、施策の具体的内容、実施時期、効果額が不明確であるとの指摘もあった。しかし実際には、日本航空内での検討内容は、①人員削減は2年間で6000人を予定している、②タブーだった乗員の乗務手当にも今回は手を付ける、③イタリア線、ブラジル線などナショナルフラッグキャリアであるが故に無理をして維持してきた路線は速やかに廃止する、④その他の路線も不採算なものは廃止、減便を積極的に進める、⑤外資系ホテルとの提

携強化など外部資源の活用を進めるなどかなり具体的になっており、月末に予定されていた有識者会議のとりまとめにおいて、日本航空の再建策はそれなりの内容のものになると私は思っていた。

この第2回有識者会議の翌日、民主党政権が発足した。就任直後の国土交通大臣記者会見において、日本航空の関連では、まず、有識者会議は解散してもらう旨の表明があった。行政には継続性というものがあり、米国などの例を見ても、政権が交代した際、余程党の主義主張に合わないものは別にして、政策は原則引き継ぐのが一般的であるが、民主党政権の場合は、自民党政権下で行われてきたことはすべて否定するのが基本姿勢であった。日本航空を立て直す必要性については、民主党も自民党も共通して感じていたことでもあり、有識者会議の意見等も参考として取り入れていけば良いのであって、会議を解散し、これまでの検討結果など一切見向きもしないというのは、やり方としては極端で、奇異な感じがした。また、有識者会議解散の理由についての記者の質問に対して、

「御用学者の方には引き取ってもらわなくてはなりませんから」

と答えていたが、これも外部から聞いたことをそのまま信じてしまうこの政権の特徴を表したコメントだった。有識者会議は6名の委員で構成されていたが、そのうち4名は航空局が初めて委員としてお願いをした先生方で企業経営の在り方について非常に幅広い見識を持っている方々だった。また2名の先生は交通関係の大権威で、長年にわたって各分野について、常に客

観的で貴重なアドバイスをいただいていた。おそらく「役所が頼むのは皆御用学者だ」という種のことを誰かから聞いてのコメントだったと思うが、このような主観的な意見こそ検証が必要であり、それもせずに誤った人の評価につながるような発言をすることは厳に慎まれるべきではなかったかと今でも思っている。

有識者会議の解散から1週間後の9月25日、国土交通大臣の直轄の顧問団として「JAL再生タスクフォース」が設置された。これは、「日本航空の実態を客観的に把握し、抜本的な再生計画の迅速な策定と実行を主導する」ことを目的として設置されたもので、5名の専門家で構成されていた。5名の方たちは企業再生のプロ中のプロともいえる方々であったが、このメンバー構成を見ても、また日本航空対策に関する大臣以下の発言を聞いても、民主党政権の方針は、会社更生法の適用が前提になっているように思われた。これも、日本航空という会社は維持しながら事業の抜本的な見直しによる経営改善をという従来の方針を否定し、会社更生法を適用して白紙に近い状態から会社を作り直す方針へ転換するものであった。再生計画の策定には日本航空のスタッフも参加はしたが、基本的に日本航空の主体性は認められず、作業は実質的に外部専門家の手だけで進められた。ところが、このタスクフォースは、発足後1か月後に中間報告を出した段階で、債権放棄をめぐっては銀行団と対立し、公的資金の投入をめぐっては関係者からの批判を浴びるなどして立ち往生状態となった。結局、日本航空の再生は10月14日に発足した企業再生支援機構が引き継ぐことになり、タスクフォースは解散した。

この頃、私は全日空と今後の国際線に関して意見交換を行う機会があった。主たる話題は成田の発着枠の活用であった。混雑空港では、航空会社も発着枠は自由に使えないため、国際航空運送協会（ＩＡＴＡ）という航空会社の団体によって種々のルールが決められていた。その一つとして、スロットの譲受に厳しい制約がある中で、同一の国の航空会社の間での譲渡は自由であるというルールがあり、例えば、成田空港に入っている米企業同士でスロットの譲渡が行われても、日本を含む他の国は異議を唱えられないことになっていた。日本航空がその再生の過程で路線便数を削減していくことは既に明確であり、それに伴って日本航空が放棄することになる一定数の成田のスロットを、同じ日本企業である全日空が活用することは、全日空が日本航空と肩を並べるという意味においても、両社が競争しながら日本の国際航空を発展させていく意味においても、極めて重要であった。このことも含め、今後の国際線に関して諸々の話をする中で、私は、全日空として日本航空の会社更生法の適用に反対してみてはどうかと言ったことがあった。米国の航空会社の場合、ドラスティックなコスト削減を容易にし、税法上の特典なども受けられるチャプター11という連邦破産法第11章の適用を自分から積極的に受ける事例があるが、日本の会社更生法はそれに留まらず、公的資金の投入などかなり手厚い措置によって更生会社を支えることになる。成田のスロットの獲得などを通じて競争条件においてようやく対等の立場に立てる全日空にしてみれば、公的資金などによって体力をつけた日本航空よりは、債務などハンディを背負ったままの日本航空を相手にした方がより優位性を保てるのは明らかだった。国民に多大なる迷惑をかける会社更生法の適用は避けたいと考えていた私には、役所の言うことは受け付けない現政権も競合他社の言うことであれば耳を傾けるであろうし、またそれ以上に、全日空にとっても望ましいことである以上、十分考慮に値する案ではないかと思われた。結果として、全日空はその後も日本航空の会社更生法適用に特段の意見を述べることはなかった。全日空としては、政府の日本航空についての取り扱いに口を出す立場にないという常識的な判断をしたものと推測されたが、仮に全日空が、日本航空の倒産、これほどのブランドイメージの失墜はないし、何ものにも変えがたいと考えたとしてもそれはそれで当然かもしれなかった。ただ、この会社更生法適用、特に公的資金の投入の問題は、後の羽田の発着枠配分に思わぬ影響を与えることになった。

民主党政権発足以来、日本航空の立て直し作業は、すべて一からやり直しになった結果、無駄も多く、また政治主導にこだわりすぎて必要最小限のことも役所に任せないため、いたずらに時間だけがかかった。その間、日本航空の状態はどんどん悪化し、株価も下落していった。2009年11月24日と翌2010年1月6日の二度にわたって、政策投資銀行による1000億円の融資枠の設定が行われたが、これは会社の維持を図るためのつなぎ融資ではなく、会社更生法適用後も運航の継続を確保させるためのものであった。1月19日、日本航空は企業再生支援機構に支援の申し込みを行うとともに、裁判所に会社更生法に基づく更生手続きの申し立てを行った。

日本航空の破綻の直接のきっかけは、リーマンショック以降の航空需要の大幅な減少であった。しかしながら、その背景に国際航空自由化の大きな流れがあったことは看過できない。

私が旧運輸省に入省し、最初に配属された航空局の国際課で、諸先輩から次のような指導を受けた。

「航空行政の使命は、わが国航空産業の発展である。その発展のためには、わが国航空企業の健全な成長が不可欠である。従って、航空交渉の場では、本邦企業に必要な権益の確保のために全力を尽くし、併せて相手国企業を利することによって本邦企業が損失を被ることのないよう留意すべきである」

これは私のみならずすべての交渉担当者にとっての指針であり、これに基づいて、航空局は日本航空からの要望を全面的に実現すべく交渉を行い、航空産業において強大な競争力を有する米国などを相手にした際には、その攻勢から日本航空を守るべく、相手側の強硬な主張に抵抗した。１９８６年に全日空が国際線に進出した後も同様に、航空局は本邦企業２社が少しでも外国企業に対して優位に立てるよう、必要とする権益の最大限の確保を図った。このように航空局の基本方針は一貫していたが、全日空の進出後は対処方針作りに始まる航空交渉の進め方には若干の変化が生じた。大多数の航空交渉において共通することであったが、日本航空は既に各国に対する権益を持っているため、交渉が成立すると、その成果はほとんどが全日空のものとなる。必然的に日本航空は各国との権益交換には消極的となり、相手国航空会社の増便要望などについても否定的に対処することを希望するようになる。その結果、航空局は航空協議の場で全日空の要望内容が達成されるとその時点で交渉をまとめにかかり、それを超えて双方の権益を更に拡大しようとする相手国側の主張を基本的に否定するという姿勢になるが、私自身はこの交渉のやり方には当初から疑問を抱いていた。日本航空が増便に反対する理由は供給過剰になって市場が乱れるというものであったが、供給が過剰になるかどうかは運航してみなければ分からないし、また航空の場合は、供給が需要を引っ張る、即ち路線が開設されたり、既存の路線で増便がされたりするとその分旅客が増えてくるという現象は間違いなく認められた。加えて、サービスレベルにおいて外国企業に負けない本邦企業は、特に平均単価の高い日本人旅客には根強い人気があり、多少相手側が供給を増やしても収益に影響が出るとは思えなかった。むしろ、外国企業の一方的増便であっても、それは外国と日本との間のパイプを太くするという意味からは、消費者にとっても両国の航空関係の発展にとっても明らかに望ましいものであった。このような観点から、私自身は、本邦企業に与える影響が極めて深刻と考えられるものを除いては、相手国側からの要望を受け入れ、可能な限り市場の拡大を図ることとしていた。

一方で、航空自由化の動きは特に1990年代以降急だった。従来型の航空協定には、ほとんどすべてに「実質的な所有と実効的な支配（substantial ownership and effective control)」という条項があり、外資規制などナショナルフラッグキャリア維持のために必要なことが規定されていたが、２０００年代に入るとこの条項は有名無実化し、一つの国を代表する航空会社が他国の航空会社に買収され、その国に航空会社がなくなるという事態も一般的となった。また多くの国が、自国の企業を維持することよりも、飛ぶ実力のある企業が自由に飛べることにすることによって諸外国とのパイプが太くなることの方が重要と考え、オープンスカイ協定の締結に踏み切るようになった。

「航空行政の使命は、わが国航空産業の発展であり、その発展のためには、わが国航空企業の健全な成長が不可欠である」というのは依然真理であるが、その健全な成長は保護や規制の下ではなく、自由化の下でも実現し得るものであった。航空自由化という大きな国際的潮流の中で、日本も２０００年代半ばに自由化へと大きく舵を切ったが、この時点で、古き国際航空秩序に慣れ親しんできた日本航空にはそれに十分対応できる体質が備わっていなかった。

日本航空の破綻の要因についてはいろいろ言われている、放漫経営、労使問題、社内の派閥争い等々。しかし、私は、大きな要因の一つは、ただただ既得権益を守ってもらうだけで、積極的に競争に参加しそれに打ち勝っていこうとしなかった日本航空の努力とたくましさの欠如と、その日本航空を国際競争にさらすことを極端に恐れた航空局の護送船団行政ではなかったかと思う。

◆羽田枠第二次配分

羽田の昼間時間帯の国際線を更に3万回増枠させるという２０１２年3月の閣議決定を機に、各国との航空協議が始まった。3万回の増枠によって、再び日本企業、外国企業双方1日20便の国際線の増便が可能となるが、どの路線が増便の対象となるかは、日本企業の希望に基づくものであることから、この閣議決定に先立って、日本航空及び全日空からのヒアリングが行われた。２０１０年10月の羽田の最初の国際定期便は、日本航空と全日空が同一の路線を運航することが前提となっていたため、相互主義の観点からその路線の相手国の航空会社に与える2便と合わせて、4便1セットが原則となっていた。今回は就航路線も多様化することが想定されており、日本航空と全日空が別々に運航する路線も出てくることが予想されたが、2社の希望を聴取した結果は、やはり両社が共に同じ国への路線をそれぞれ10便ずつ運航するというものだった。内訳は、米国が2便、あとはすべて1便ずつで、英国、フランス、ドイツ、中国、タイ、シンガポール、ベトナム、インドネシアであった。

２０１０年10月の羽田の3万回は、便数的にも満杯の成田空港を補うのに適正であり、また路線も近距離線に限定されていたため、この段階では、羽田と成田の一定の役割分担が維持されていた。然るに、今回は羽田の国際線を倍増させ、更に就航先も中長距離まで拡大されることから、国際線について中心的な役割を果たすべき成田の国際線ネットワークが望ましい形で維持できるかが危惧された。更に具体的に言えば、国際線の一部が成田から羽田にシフトすることが十分に予想された。このような事態を招来した場合には、何のための羽田の再国際化か分からなくなってしまうと考えた航空局は、「羽田から新たな地点への国際路線を就航させる場合は、成田からのその地点への路線を残さなくてはいけない」というルールを決め、非公式の行政指導という形で航空会社にも示達した。このルールに基づけば、例えば成田―ロンドンを運航している会社が羽田―ロンドンを開設しようとする場合、成田―ロンドンは引き続き継続して運航しなくてはならない。これは実質的には羽田からの新規路線開設の条件であり、日本の航空会社はこれを「成田縛り」と呼んだ。

２０１２年3月の閣議決定を受けての新たな羽田便についての交渉は、最初に英国との間で開催され、日本企業に対して要求する「成田縛り」は当然英国の企業にも要求することになった。しかし、特に外国にとっては到底理解できないこのルールを航空交渉の場で提示することは、交渉担当者にも躊躇されたほどであった。成田からのシフトを防止し、成田の既存の路線の維持を図りたいとする航空局の意図は十分理解できるものであったが、実際にこの「成田縛り」を実行することには無理があった。民主党政権発足以降の急速な羽田の再国際化が成田に少なからず影響を与えることは不可避であり、当初の3万回に加えて更なる3万回が実施される段階で、成田から羽田へのシフトがある程度起こることは必然であった。従って、追加の3万回以降は、簡単なことではないが、成田から羽田への一定のシフトが起こることを前提にしながら、羽田の再国際化と並行して成田の国際線の更なる充実を図るという方策に転換するしか道はなかったし、航空会社に負担をかけてまで成田の路線を維持することに合理性はなかった。実際には、例えば成田―フランクフルトを羽田―フランクフルトにする代わりに成田―デュッセルドルフを開設するなど同一国の路線（この場合はドイツへの路線）を維持するのであれば、フランクフルトという特定の地点への路線が成田から羽田へシフトしても、それは成田縛りに反しないこととしたり、本邦企業の便は成田から羽田にシフトしても、提携する外国企業が同じ地点への成田からの路線を運航し、その便に本邦企業がコードシェアをするのであればその路線を維持したものとみなしたりするなど、成田縛りについてはできる限りの柔軟な運用は行った。それでも全日空がコードシェアしていたヴァージンアトランティックが成田―ロンドンを撤退することによって、全日空が成田―ロンドンを維持できなくなったのを皮切りに、外国航空会社の成田からの撤退による同様の事態が続出して、成田縛りは形骸化していくこととなった。

追加の3万回の増便のための交渉は、英国を皮切りに、フランス、中国、シンガポール、タイと順調に進められていった。2010年10月の最初の3万回に向けて行われた交渉と同様に、相手国との間で合意が成立すると、日本側は日本航空と全日空に1便ずつ、相互主義の観点から相手国の航空会社に2便が認められた。ところが、2013年2月のドイツとの協議から、この羽田のスロットの配分方法に変化が生じた。全日空が羽田のスロットに関して傾斜配分、即ち、日本航空よりも全日空により多くのスロットを与えることを求めてきたのである。その理由は、会社更生法の適用を受け、公的資金の投入など政府の支援を受けて体力を蓄えた日本航空と、自力で頑張ってきた全日空のとの間で競争条件に差異を設けないのは不公平であるというものであった。

これに先立つ２０１２年８月10日、航空局は「日本航空の企業再生への対応について」と題する今後の対応方針を発表した。一般に「８・10ペーパー」と呼ばれるこの文書は、その中で、「新規投資、路線開設」については、

「航空局は、日本航空の投資や路線開設が、わが国の航空ネットワークの維持・発展に貢献するものとなっているか、また公的支援によって競争環境が不適切に歪められていないかを確認するため、「ＪＡＬグループ中期経営計画（２０１２年度〜２０１６年度）」の期間中、定期的又は必要に応じ、日本航空に対し、投資・路線計画について報告を求め、その状況を監視する」

とし、また「健全な競争環境確保のための措置」については、

「航空局は、利用者利便の維持・向上を図るため、羽田等の混雑空港の発着枠の配分や、空港チェックインカウンター・ボーディングブリッジ等の施設利用の調整等を通じて、健全な競争環境の確保を図る」

とした。この８・10ペーパーは全日空の強い要望の下に航空局が策定したものであり、羽田の

スロットの傾斜配分は、全日空がその具体化を求めたものにほかならなかった。

ドイツとの協議に先立つ対処方針会議では、日本航空、全日空それぞれから羽田―ドイツ間1便の要望が出されていたため、協議の場では、日本側から、日本企業、ドイツ企業双方が羽田―ドイツ路線を2便ずつ運航することを提案し、ドイツ側がこれに合意した。協議の結果は日本側企業の要望どおりとなったが、この2便は日本航空、全日空に各1便配分されるのではなく、2便共に全日空のものとなった。

航空協議に臨む際、交渉担当はまず本邦企業の要望を聴取する。そして、受けた要望はすべて実現させるべく、協議の場で相手国の利害と調整を行い、合意にこぎつける。協議において合意に至った権益は、それを要望した航空会社に配分される。当然と言えば当然であり、これが航空協議の常識であった。然るに今回は日本航空が要望した1便が全日空のものになるというまさに空前の事態となった。

ドイツに続いて、２０１３年6月には、インドネシア、ベトナム、9月にはフィリピン、カナダとの間で航空協議が開催されたが、いずれの協議においても、羽田便は日本側、相手国側双方1便ずつの合意となり、日本側の1便はすべて全日空の権益となった。カナダとの協議が終了した時点で、国土交通省は、２０１４年夏スケジュールからの羽田の昼間時間帯の国際線発着枠について、日本企業及び二国間合意の相手国企業への配分を発表した。日本企業については、日本航空は英国、フランス、中国、シンガポール、タイへの5便、全日空はこれにドイ

	日本側発着枠	全日空	日本航空	相手国側発着枠（参考）	合計
イギリス	2	1	1	2	
フランス	2	1	1	2	
中国（北京）	2	1	1	2	
シンガポール	2	1	1	2	
タイ	2	1	1	1	
ドイツ	2	2	―	2	
ベトナム	1	1	―	1	
インドネシア	1	1	―	1	
フィリピン	1	1	―	1	
カナダ	1	1	―	1	
計	16	11	5	15	31

ツ2便、インドネシア、ベトナム、フィリピン、カナダ各1便を加えた11便となり、両者の間には、傾斜という言葉以上の大きなスロットの差がついた（上の表）。公的支援を受けた会社と自力だけでやってきた会社の間で羽田のスロットに差をつけるべきは当然という全日空の主張は、一般には理解されやすく、受け入れられやすい理窟であるが、航空行政としての観点からはやや疑問と思われる部分もあった。

8・10ペーパーの主眼は、健全な競争の確保、裏返せば、公的支援によって競争環境が歪められないようにする点にある。これは、米国などに見られるが、公的支援などによって体力を蓄えた会社が低運賃攻勢をかけて競合する会社を圧迫したり、特定の市場に機材を集中的に投入して競合する会社を実質的に追い出してしまったりするようなことを防ぐ趣旨であって、羽田の発着枠が同等に配分されることはどう考えても競争環境を歪めることには結びつかない。傾斜配分が発表された時に、日本航空は、「国際線を運航する2社への均等な配分こそが利用者利便と国益の最大化につながる」とのコメントを出したが、これは理論的には正しい主張である。羽田の路線は一般的に収益性が高く、航空会社にとってはのどから手が出るほど欲しい羽田のスロットである。従って、それは、会社更生法の適用を受け、これから安定的な経営の維持を図っていく日本航空にとっても有効に活用されるべきものであったことは間違いない。この傾斜配分が発表された時、私は、かつて民主党政権の下で、全日空に対して、日本航空への会社更生法の適用に反対してみてはどうかと言ったことを懐かしく思い出した。その時は、公的資金の投入などで体力をつけた日本航空との競争は大変になるから会社更生法の適用は全日空にとって望ましくないと伝えたが、全日空は日本航空の問題については中立的であるとの立場からか会社更生法の適用について意見を述べることはしなかった。結果として、全日空は、競合他社の倒産というイメージダウンからの反射的利益を受けつつ、公的支援を理由に羽田の発着枠という何よりも貴重なものを入手することになった。

2014年の夏スケジュールから羽田の新たな国際路線が開設されたが、この時点ではまだ当初予定していた3万回の発着枠はすべて使われるには至っていなかった。米国との協議が未了だったためである。米国の場合は、航空企業間の競争が熾烈であり、太平洋の市場においても企業間の利害が錯綜して、その結果、なかなか米側としての航空交渉におけるスタンスが決まらないことがよくあるが、羽田便開設をめぐっても同様であった。デルタ航空は成田に多くの発着枠を保有し、２０１４年の時点でも1日25便を成田で運航していたが、このうちの一部だけを羽田に移しても、基地を成田と羽田の2か所に分散することによるコスト増が大きいだけで、メリットはなかった。加えて、日本航空との提携が実現しなかったため、日本に提携相手のいないままの状態であり、米企業の羽田での路線開設は日本企業との協力が可能な他社を利するだけとの危惧があった。一方で、ユナイテッド航空も、米国の航空当局が提携相手のいないデルタ航空をかえって羽田の発着枠で優遇するのではないかとの不安を抱いており、羽田の利用には積極的でなかった。米企業の意向がこのようなものであったため、米航空当局も交渉に本腰が入らず、日米交渉は遅々として進まなかった。その間、羽田の枠を早く有効活用したい日本側は再三にわたって米国側に交渉の妥結を強く働きかけ、結局、２０１６年2月になってようやく日米交渉は決着した。しかしながら、その合意内容は、米国側に関して言えば、既に運航していた深夜早朝の時間帯の便を昼間の時間帯にシフトさせることなどによって極力現状の羽田での勢力関係に変更を加えないというものであり、米企業の間の妥協を反映させた結果となった。なお、この合意によって日本側は新規に羽田―米国間5便を運航することとなったが、この配分も日本航空2便、全日空3便と、全日空に傾斜したものとなった。

この追加の3万回が配分された結果は次頁の表のとおりである。韓国は２０１０年10月から変更はなく、日韓の4社がそれぞれ羽田―金浦を3便ずつ運航して合計12便である。中国は追

2018冬期　羽田発着国際線　昼間時間帯（6：00～23：00）

国名・地域名		都市名（空港名）	便数（日）	日本企業 航空会社名	便数（日）	相手国企業 航空会社名	便数（日）
東アジア	韓国	ソウル（金浦）	12	日本航空（JL）	3	大韓航空（KE）	3
				全日本空輸（NH）	3	アシアナ航空（OZ）	3
	中国	北京	8	日本航空（JL）	2	中国国際航空（CA）	4
				全日本空輸（NH）	2		
		上海（虹橋）	4	日本航空（JL）	1	中国東方航空（MU）	1
				全日本空輸（NH）	1	上海航空（FM）	1
		上海（浦東）	4	日本航空（JL）	1	中国東方航空（MU）	2
				全日本空輸（NH）	1		
		広州	4	日本航空（JL）	1	中国南方航空（CZ）	2
				全日本空輸（NH）	1		
	台湾	台北（松山）	8	日本航空（JL）	2	中華航空（チャイナエアライン）（CI）	2
				全日本空輸（NH）	2	長栄航空（エバー航空）（BR）	2
	香港	香港	4	日本航空（JL）	1	キャセイパシフィック航空（CX）	2
				全日本空輸（NH）	1		
東南アジア	タイ	バンコク	3	日本航空（JL）	1	タイ国際航空（TG）	1
				全日本空輸（NH）	1		
	シンガポール	シンガポール	4	日本航空（JL）	1	シンガポール航空（SQ）	2
				全日本空輸（NH）	1		
	フィリピン	マニラ	2	全日本空輸（NH）	1	フィリピン航空（PR）	1
	ベトナム	ハノイ	2	全日本空輸（NH）	1	ベトナム航空（VN）	1
	インドネシア	ジャカルタ	2	全日本空輸（NH）	1	ガルーダ・インドネシア航空（GA）	1
欧州	英国	ロンドン	3	日本航空（JL）	1	ブリティッシュエアウェイズ（BA）	1
				全日本空輸（NH）	1		
	フランス	パリ	4	日本航空（JL）	1	エールフランス航空（AF）13/W	2
				全日本空輸（NH）	1		
	ドイツ	フランクフルト	2	全日本空輸（NH）	1	ルフトハンザドイツ航空（LH）	1
		ミュンヘン	2	全日本空輸（NH）	1	ルフトハンザドイツ航空（LH）	1
北米	米国	ロサンゼルス	2			デルタ航空（DL）	1
						アメリカン航空（AA）	1
		サンフランシスコ	2	日本航空（JL）	1	ユナイテッド航空（UA）	
		シカゴ	1	全日本空輸（NH）	1		
		ニューヨーク	2	日本航空（JL）	1		
				全日本空輸（NH）	1		
		ミネアポリス	1			デルタ航空（DL）	1
		ホノルル	2	全日本空輸（NH）	1	ハワイアン航空（HA）	1
	カナダ	バンクーバー	1	全日本空輸（NH）	1		
		トロント	1			エアカナダ（AC）	1
14カ国・地域		23都市	80便	2社	41便	22社	39便

※当初認可、期首ベース

加の3万回の配分について4便1セットが割り当てられることになっていたが、2012年の協議でこれを羽田—北京に充てることが合意され、結果として2010年10月に4便であった羽田—北京が8便となった。また尖閣諸島問題で2010年時点では当局間で合意できなかった最初の3万回の配分に係る2地点について、2015年の協議でようやく決着し、羽田—上海（虹橋でなく浦東）、羽田—広州の2路線に4便1セットが割り当てられることになった。台湾及び香港は、韓国と同様、2010年10月から変更はない。タイ以下東南アジア5か国、英国以下欧州3か国及びカナダについては、2012年以降の追加3万回に係る航空協議で合意された結果の便数となっている。米国については、米側企業の5便はすべてそれまで深夜早朝時間帯に運航していたものが昼間時間帯にシフトしたものであり、本邦企業については、一部深夜早朝時間帯からのシフトも含め、日本航空2便、全日空3便の合計5便が昼間時間帯の便となった。年間3万回の発着は1日40便であるので、2度にわたる3万回の配分による合計の1日の便数は80便となっている。この80便のうち、日本企業の便数は41、外国企業の便数は39となっている。これは、本来2便を運航することが一般的な中にあって、英国及びタイは、1便の運航しか行わないこととなったため、この2か国の未使用の2便めを日本企業が使用することとした結果である。

深夜早朝の時間帯については、2010年10月の時点で1日22便が運航されていたが、2018年冬期は36便にまで増え、年間3万回、1日40便の上限にかなり近づいている（次頁表）。

2018冬期　羽田発着国際線　深夜早朝時間帯（22：00～7：00）

<table>
<tr><th colspan="2" rowspan="2">国名・地域名</th><th rowspan="2">都市名
（空港名）</th><th rowspan="2">便数
（日）</th><th colspan="2">日本企業</th><th colspan="2">相手国企業</th></tr>
<tr><th>航空会社名</th><th>便数
（日）</th><th>航空会社名</th><th>便数
（日）</th></tr>
<tr><td rowspan="8">東アジア</td><td rowspan="2">韓国</td><td rowspan="2">ソウル（仁川）</td><td rowspan="2">3</td><td rowspan="2">Peach（MM）</td><td rowspan="2">1</td><td>大韓航空（KE）</td><td>1</td></tr>
<tr><td>アシアナ航空（OZ）</td><td>1</td></tr>
<tr><td rowspan="2">中国</td><td rowspan="2">上海（浦東）、天津</td><td rowspan="2">4</td><td>全日本空輸（NH）</td><td>1</td><td>上海吉祥（HO）3/W、春秋（9C）4/W</td><td rowspan="2">2</td></tr>
<tr><td>Peach（MM）</td><td>1</td><td>天津（GS）4/W,奥凱（BK）3/W</td></tr>
<tr><td rowspan="2">香港</td><td rowspan="2">香港</td><td rowspan="2">4</td><td rowspan="2">全日本空輸（NH）</td><td rowspan="2">1</td><td>香港エクスプレス航空（UO）</td><td>2</td></tr>
<tr><td>香港ドラゴン航空（KA）</td><td>1</td></tr>
<tr><td>台湾</td><td>台北（桃園）</td><td>2</td><td>Peach（MM）</td><td>1</td><td>タイガーエア台湾（IT）</td><td>1</td></tr>
<tr><td colspan="7"></td></tr>
<tr><td rowspan="8">東南アジア</td><td rowspan="2">タイ</td><td rowspan="2">バンコク</td><td rowspan="2">4</td><td>日本航空（JL）</td><td>1</td><td rowspan="2">タイ国際航空（TG）</td><td rowspan="2">1</td></tr>
<tr><td>全日本空輸（NH）</td><td>2</td></tr>
<tr><td rowspan="2">シンガポール</td><td rowspan="2">シンガポール</td><td rowspan="2">4</td><td>日本航空（JL）</td><td>1</td><td rowspan="2">シンガポール航空（SQ）</td><td rowspan="2">2</td></tr>
<tr><td>全日本空輸（NH）</td><td>1</td></tr>
<tr><td>フィリピン</td><td>マニラ</td><td>2</td><td>日本航空（JL）</td><td>1</td><td>フィリピン航空（PR）</td><td>1</td></tr>
<tr><td>ベトナム</td><td>ホーチミン</td><td>1</td><td>日本航空（JL）</td><td>1</td><td></td><td></td></tr>
<tr><td>インドネシア</td><td>ジャカルタ</td><td>1</td><td>全日本空輸（NH）</td><td>1</td><td></td><td></td></tr>
<tr><td>マレーシア</td><td>クアラルンプール</td><td>2</td><td>全日本空輸（NH）</td><td>1</td><td>エアアジアX（D7）</td><td>1</td></tr>
<tr><td rowspan="3">欧州</td><td>英国</td><td>ロンドン</td><td>1</td><td>日本航空（JL）</td><td>1</td><td></td><td></td></tr>
<tr><td>ドイツ</td><td>フランクフルト</td><td>1</td><td>全日本空輸（NH）</td><td>1</td><td></td><td></td></tr>
<tr><td>オーストリア</td><td>ウィーン</td><td>1</td><td>全日本空輸（NH）</td><td>1</td><td></td><td></td></tr>
<tr><td rowspan="2">北米</td><td rowspan="2">米国</td><td>ロサンゼルス</td><td>1</td><td>全日本空輸（NH）</td><td>1</td><td></td><td></td></tr>
<tr><td>ホノルル、コナ</td><td>1</td><td></td><td></td><td>ハワイアン航空（HA）</td><td>1</td></tr>
<tr><td>オセアニア</td><td>オーストラリア</td><td>シドニー</td><td>2</td><td>全日本空輸（NH）</td><td>1</td><td>カンタス航空（QF）</td><td>1</td></tr>
<tr><td rowspan="2">中東</td><td>アラブ首長国連邦</td><td>ドバイ</td><td>1</td><td></td><td></td><td>エミレーツ航空（EK）</td><td>1</td></tr>
<tr><td>カタール</td><td>ドーハ</td><td>1</td><td></td><td></td><td>カタール航空（QR）</td><td>1</td></tr>
<tr><td colspan="2">17カ国・地域</td><td>20都市</td><td>36便</td><td>3社</td><td>19便</td><td>17社</td><td>17便</td></tr>
</table>

※当初認可、期首ベース

また日本企業の内訳を見ると、日本航空5便、全日空11便、Peach3便となっており、深夜早朝の時間帯においても全日空への傾斜が見られる。これは8・10ペーパーに基づき、中期経営計画が終了する2016年度まで、日本航空が原則増便を禁止されていたことによる。この日本航空に対する措置も、公的支援によって競争環境が不適切に歪められないようにするという目的を達成するためであったが、8・10ペーパーは、日本航空から定期的に再生の進捗状況について報告させ、必要に応じ、指導助言を行うと書いてあるだけであり、その都度日本航空の増便などに問題があるかをチェックすれば良いのであって、4年間増便を原則禁止するというのは、明らかに行き過ぎの感があった。いずれにしても、全日空は、日本航空の会社更生法適用には中立的な立場をとり、結果として、日本航空が公的支援を受けたことによって、羽田の発着枠については、大変な優位性を獲得することになった。

なお、全日空の11便のうち、オーストラリアのシドニーへの便については、本来カンタス航空の提携相手である日本航空が運航を予定していた。この便は、8・10ペーパーが発表されるより前の日豪航空協議において、日本航空からの要望に基づいて日本側が深夜早朝時間帯における日豪双方1便ずつの運航を提案し、それが日豪当局間で合意されたもので、8・10ペーパーによる増便禁止が解ける2017年度から日本航空が運航しようとしていたにもかかわらず、その期限が来ないうちに全日空が運航を始めてしまったものであった。航空協議の合意文書には、日本側の権益としか記されていないため、それをいずれの航空会社が使っても相手国政府との間では何の問題もないが、このシドニー便は、ドイツのケースに続いて、航空協議の権益はそれを要望した航空会社に与えられるという常識に合致しないものであったことは間違いない。

このように一段と再国際化が進んだ羽田の国際線と成田の国際線を本邦企業について比較してみると（P172、174、177の表）、成田から羽田へのシフトが明確に見てとれる。全日空については、まず欧州線は代表的な路線であるロンドン、パリ、フランクフルトはすべて羽田、ミュンヘンも深夜早朝時間帯のウィーンも羽田、成田はブラッセル、デュッセルドルフだけで、明らかに重点は羽田に移っている。近距離も、台湾は羽田―松山が2便、成田―桃園が1便、韓国線は金浦―羽田が3便、成田―仁川はゼロで、かなり極端なシフトである。日本航空は全日空と比べて羽田の便数が少ないこともあって、羽田へのシフトは全日空より多少緩やかではあるが、それでもロンドンは深夜便も含めて2便とも羽田、パリも羽田となっている。ソウルは全日空と同様で、金浦―羽田が3便、成田―仁川はゼロとなっている。トータルの国際線の便数では依然成田の方が圧倒的に多い状態に変わりはないが、成田、羽田双方から運航するのが需要の面から難しい地点なども ある以上、方面によっては、羽田に重点がシフトしてしまうのは避けられないことであった。

成田国際線（NH・JL）

国名・地域名		都市名（空港名）	航空会社名	路線数	便数（週/RT）
東アジア	韓国	釜山	日本航空（JL）	1	14
	中国	北京、上海、広州・大連・青島・アモイ・杭州・瀋陽・成都・武漢	全日本空輸（NH）	10	77
		北京・大連・上海	日本航空（JL）	3	35
	香港	香港	全日本空輸（NH）	1	14
			日本航空（JL）	1	7
	台湾	台北	全日本空輸（NH）	1	7
		台北・高雄	日本航空（JL）	2	21
東南アジア	シンガポール	シンガポール	全日本空輸（NH）	1	14
			日本航空（JL）	1	7
	タイ	バンコク	全日本空輸（NH）	1	14
			日本航空（JL）	1	14
	フィリピン	マニラ	全日本空輸（NH）	1	7
			日本航空（JL）	1	14
	ベトナム	ホーチミン	全日本空輸（NH）	1	14
			日本航空（JL）	1	7
		ハノイ	日本航空（JL）	1	7
	マレーシア	クアラルンプール	全日本空輸（NH）	1	7
			日本航空（JL）	1	7
	ミャンマー	ヤンゴン	全日本空輸（NH）	1	7
	カンボジア	プノンペン	全日本空輸（NH）	1	7
	インド	デリー・ムンバイ	全日本空輸（NH）	2	14
		デリー	日本航空（JL）	1	7
	インドネシア	ジャカルタ	全日本空輸（NH）	1	7
			日本航空（JL）	1	14
欧州	ドイツ・ベルギー	デュッセルドルフ・ブラッセル	全日本空輸（NH）	2	14
	ドイツ・フィンランド・ロシア	フランクフルト・ヘルシンキ・モスクワ	日本航空（JL）	3	21
北米	米国	ロサンゼルス・サンフランシスコ・サンノゼ・シアトル・ワシントンDC・ニューヨーク・ヒューストン・シカゴ・メキシコシティ	全日本空輸（NH）	9	70
		シカゴ・ダラス・ボストン・ニューヨーク・ロサンゼルス・サンディエゴ・バンクーバー・シアトル	日本航空（JL）	8	60
オセアニア	オーストラリア	パース	全日本空輸（NH）	1	7
		シドニー・メルボルン	日本航空（JL）	2	14
リゾート	ホノルル・グアム	ホノルル	全日本空輸（NH）	1	14
		ホノルル・グアム・コナ	日本航空（JL）	3	49
合計				66	592

第七章　首都圏空港の更なる機能強化

飛行経路見直し

2014年3月の追加3万回の配分に先立ち、羽田の更なる国際化のための検討が開始された。2013年6月に閣議決定された安倍内閣の成長戦略である「日本再興戦略」の中に「首都圏空港の更なる機能強化を検討する」ことが盛り込まれ、これを受けて、9月には、交通政策審議会航空分科会基本政策部会において、首都圏空港に関して今後検討すべき航空政策上の課題の整理が行われた。この会議の場では、改めて今後の首都圏空港の需要予測が行われると共に、国際航空をめぐる様々な環境の変化の分析をもとに首都圏空港の国際競争力を高めるために必要な能力・機能はどのようなものかが明確にされた。

11月1日には、学識経験者からなる「首都圏空港機能強化技術検討小委員会」が設置され、首都圏空港機能強化策についての技術的な選択肢の洗い出しが開始された。この小委員会では、羽田空港の国際線増便のためには、滑走路の使い方や飛行経路を見直す以外の方策は見当たらないのが現状であるとの基本認識の下に検討が進められ、5回にわたる審議を経て、2014年7月8日、小委員会は中間とりまとめを公表した。このとりまとめでは、①航空機の滑走路占有時間の短縮によって時間あたりの管制処理機数を増大させること、②出発の少ない時間帯を到着便に、到着の少ない時間帯を出発便に振り向けるスライディングスケールを活用すること、③陸上部分を飛行する新たな経路を設定することの三方策により約4万回の増枠が可能であることが報告された。

羽田空港の発着についての最大の制約要因は、羽田の北側から西側にかけての区域が陸地であり、この上空を飛行できないことであったが、この小委員会の報告が陸上ルートの設定を含むものであったことから、２０１４年8月26日、陸上を飛行することの問題点及びその解決方法などを話し合う「首都圏空港機能強化の具体化に向けた協議会」が設置された。この協議会は、一都4県、関係政令市、特別区長会会長、成田市長、学識経験者、航空会社、国土交通省がメンバーとなった。

２０１５年2月、国会における施政方針演説に「羽田の飛行経路見直しにより２０２０年までに国際線発着枠を4万回拡大する」旨が盛り込まれ、２０１６年には飛行経路見直しについての工事費などが予算化された。このようにして、２０２０年（当初予定）の東京オリンピックに間に合わせるべく、羽田の容量を拡大するとの方針が確定し、これを受けて各国との航空協議も開始されることとなった。

首都圏空港機能強化の具体化に向けた協議会では、陸上を飛ぶ新飛行経路の課題について幅広い議論が行われた。具体的な課題は三つあり、第一の課題は騒音対策であった。南風の際のB滑走路からの出発機は離陸後まもなく川崎市上空をかすめることになるため、まずこの方向への出発機の数をできる限り少なくすることとした。また、陸上を飛行する航空機の高度を少しでも高くするため、着陸地点を滑走路端からなるべく遠くする運用を行うこととした。更に低騒音機の導入を促進する観点から、それまで最大離陸重量という航空機が離陸できる総重量の最大値で決められていた着陸料を、航空機の騒音も加味したものに変更することとした。即ち、低騒音機の着陸料を相対的に低く設定することとしたのである。

第二の課題は安全対策、特に落下物対策であった。本邦航空会社、外国航空会社ともに、国が定める「部品等脱落防止措置に関する技術基準（落下物防止対策基準）」に従って、落下物に関する情報の収集、分析及び評価を行い、これに基づいて機体の改修・整備・点検を実施すると共に、職員に対する教育訓練を行うなど、落下物防止対策に多面的に取り組むこととされた。また、航空会社は事前に事業計画を提出し、その計画が落下物防止基準に合致していることが事業許可の条件とされた。更に、落下物についての原因航空機が特定されない場合でも補償が行われるための航空会社間の連帯保証制度、被害が起こった際速やかに被害者を救済するための修繕等の費用の立て替え制度、落下物による物損等の被害について賠償金に加えて見舞金を支払う見舞金制度が創設されることとなった。

第三の課題は情報提供であった。羽田空港の機能強化の必要性、機能強化の実現方策、環境影響などへの配慮について地元住民の十分な理解を得ることが必要との指摘に基づき、第一フェーズから第五フェーズまで五巡にわたって延べ97会場、延べ１６３日間のオープンハウス型地元説明会が開催された。またこれと並行して、要請があった関係自治体の住民を対象とした地域説明会も26回開催され、約１４００人が参加した。また、新聞折り込み広告や電車内の

羽田空港における滑走路運用・飛行経路の見直し案（南風時）

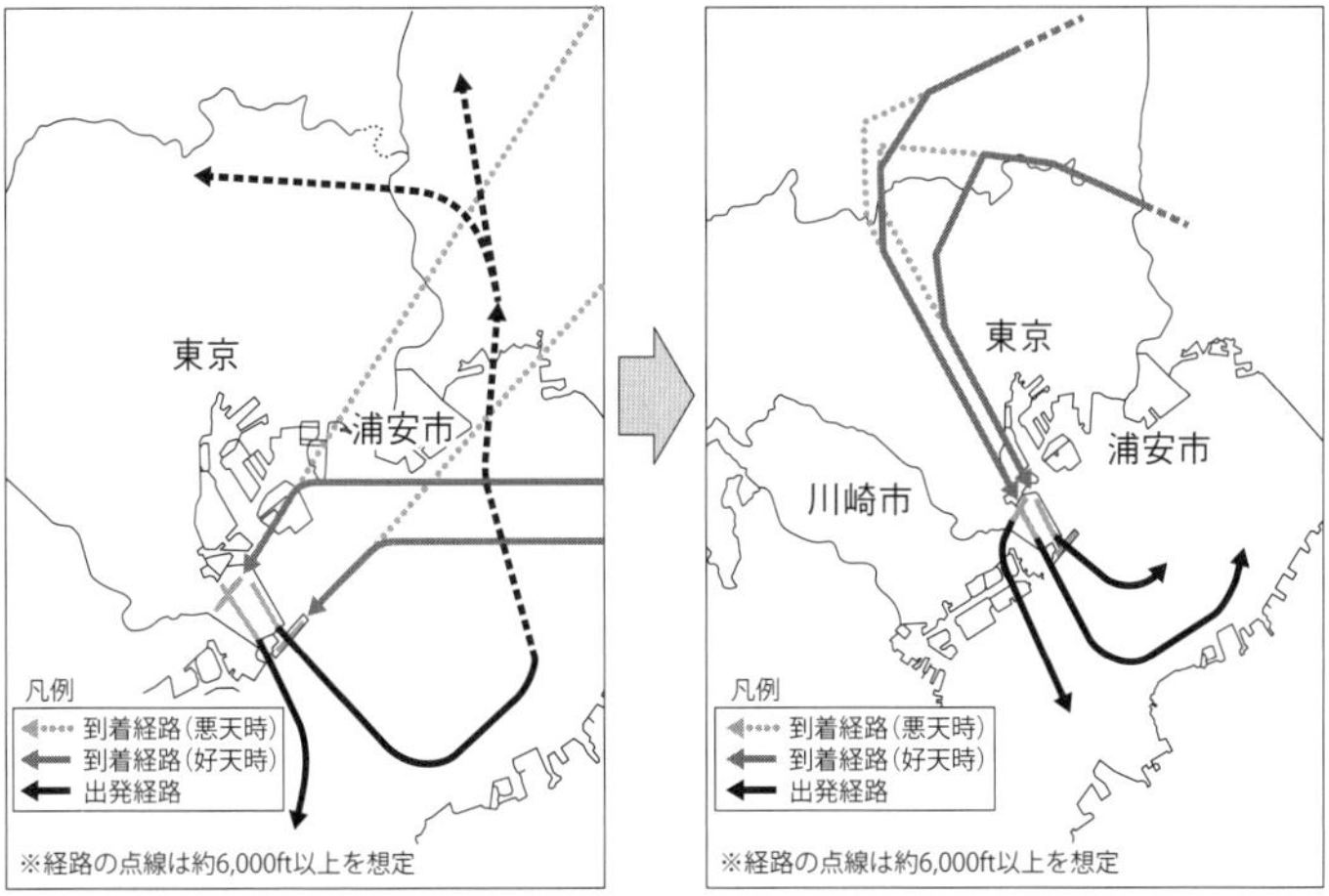

動画・窓上広告の実施、情報発信拠点の設置など様々な手法で幅広く情報提供が実施された。

２０１９年８月７日、第５回の首都圏空港機能強化の具体化に向けた協議会が開催された。ここで、関係自治体は、国がこれまで実施してきた騒音対策、落下物対策や丁寧な情報提供を評価すると共に、２０２０年夏スケジュールからの新飛行経路運用開始に向けて、引き続きの情報提供と並行して、飛行検査、発着調整、無線や灯火等の施設整備など所要の手続きや作業を国の立てたスケジュールに沿って計画的に進めることを要望した。これを受けて、翌８月８日、国土交通省は、

「首都圏の国際競争力強化や訪日外国人旅行者の受入れ等のため、２０２０年３月29日より新飛行経路の運用を開始し、羽田空港において国際線を３・９万回増便する」

との発表を行った。

◆羽田枠第三次配分

２０１０年10月の新滑走路供用時に３万回、２０１４年夏スケジュール開始時に追加の３万回だった羽田の国際線用の発着枠が、今回は３・９万回追加されることとなり、過去２回と比べて更に大きな羽田の国際線の拡充となった。この３段階での羽田の再国際化であるが、国際線用の発着枠の配分の方針はそれぞれの段階で異なっている。羽田の再国際化のスタートとなった２０１０年10月の時点では、それまで羽田発着の定期的チャーター便を開設してきた経緯を踏まえ、また成田との役割分担を維持する観点から、路線は近距離アジア線に限定された。便数についても当時の需要の大きさをもとに検討が行われ、結果としてソウル金浦が１日12便、上海虹橋が４便、北京首都空港が４便、台北松山が８便、香港が４便の合計１日32便、これに加えて将来の中国との合意により追加の中国内地点へ８便という形での１日40便の配分となった。また、成田がカーフューで閉じている深夜早朝時間帯においては、東南アジア、米国、欧州向けの定期便が開設された。

羽田の国際線を倍増させることとなった２０１４年夏スケジュールについては、羽田と成田が一体となって首都圏の国際航空需要に対応していくという基本方針の下、昼間時間帯も中長距離を含めて広く羽田からの国際線が展開されることとなった。どの路線を運航するかは本邦企業の判断に委ねられ、日本航空、全日空の要望に基づいて航空協議が開催され、具体的な路線が決定されていった。その結果、日本航空、全日空共にロンドン、パリ、シンガポール、バンコクへの就航及び北京首都空港への増便を行うことになったが、その後、公的資金の投入など優遇されている日本航空との競争上の公平が図られるべきとの全日空の主張により、フランクフルト、ミュンヘン、ハノイ、ジャカルタ、マニラ、バンクーバーは本邦企業としては全日空のみが運航することとなった。また難航した航空協議の末に合意に至った米国については、日本航空がサンフランシスコ、ニューヨークの2地点、全日空がシカゴ、ニューヨーク、ホノルルの3地点に運航することとなった。

今回の3・9万回の配分にあたっては、まず米国及び中国について一定の枠を確保し、それ以外の分は、本邦企業の希望する路線に割り振っていくという方針が取られた。3・9万回の増枠によって1日50便が追加されることになったが、その国別の配分はP188の表のとおりである。まず、米国に対しては50便のうち半分近い24便が提供されたが、これは2014年夏スケジュールに向けての日米交渉における議論を踏まえてのものだった。この交渉は難航を極めたが、最大の原因はデルタ航空だった。ユナイテッド航空にとっての全日空、アメリカン航空にとっての日本航空のように、日本において提携相手のいないデルタ航空は、日米企業連携の効果を高める羽田の再国際化にはもともと積極的でなかった。またそれ以上に、太平洋市場で最大のシェアを有するデルタ航空にとって、成田と羽田に基地を分散させる非効率は何としても避けたかった。そのデルタの主張は、東京における自分の基地を羽田に一本化させない限り、羽田での日米路線拡大には合意できないというものだった。デルタ航空の東京での基地を一元的に羽田とするためにはデルタ航空のために相当数の発着枠を確保しなくてはならなかったが、デルタ航空だけに多くの羽田の発着枠を用意することには、太平洋市場での最大のライバルであるユナイテッド航空が黙ってはいなかった。結局、このような米航空企業の意向を背景とした米国政府の強硬な主張を受け入れる形で、24便分の発着枠が日米路線に充てられることとなった。

中国については8便が割り当てられることになったが、これはインバウンド政策推進のためであった。今や成長戦略の要ともなったインバウンド政策であるが、その最大の牽引車は中国からの旅行客であり、羽田の中国線の増枠によって中国からの旅客増に弾みをつけることが重要と考えられた。

米国及び中国以外の国との間の路線については、2014年夏スケジュールの時と同様、本邦航空会社の要望に基づいて、その相手国との航空協議を行うことにより決定されていった。2013年3月に閣議決定された追加の3万回について中長距離路線も含めて昼間時間帯の羽田の便を開設する方針がとられて以来、ロンドン、パリ、フランクフルト、シンガポール、バンコクなど高い需要が見込める路線、言い換えれば日本航空と全日空の両社が運航するのが需要の面からも適当と考えられる路線から順に羽田便が開設されていった。このように優先順位の高い路線が既に運航されるようになった結果、今回、米国および中国を除いた残り18便のすべてが従来同様両社がともに運航する地点になることは考えにくく、いくつかの路線は、日本航空のみ又は全日空のみが運航することになると想定された。このような状況の下では、収益性の高い羽田の発着枠を一つでも多く確保しようという航空会社の思惑が働くようになる。例えば、ある国の航空企業が全日空と提携関係にある場合、その国との間で羽田便を1便ずつ運航する合意が成立すると、当然その路線についての日本側発着枠は全日空のものとなる。同様に、日本航空の提携相手のいる国と羽田との間の路線については、日本航空が発着枠を獲得する。これが必然である限り、採算性などを度外視しても、羽田の発着枠確保のために提携相手がいる国との間の路線を要望することも起こり得る。あれほどに苦労して捻出した羽田の発着枠であるが、これが単なる航空会社間の獲得競争の対象になってしまうという可能性も危惧される事態となった。

次頁の表は上段が国別配分数、下段が本邦航空会社への企業別配分数であるが、下段の企業別配分に関しては、それぞれの国ごとに決定プロセスが異なっている。まず、豪州及びインドの2か国については、日本航空、全日空に同じ便数が配分されている。地点としては、シドニー及びデリーであるが、この2地点については、シンガポール、バンコクなどと同様、本邦企業2社が運航するにふさわしい需要が想定され、両社の要望どおりの内容で航空当局間合意

羽田空港の昼間時間帯の発着枠（増加分）の配分について（国際線）

1. 発着枠の国別配分表

国名	配分数（1日当たり）	
	本邦企業	相手国企業
米国	12便分	12便分
中国※1	4便分	4便分
ロシア※2	2便分	2便分
豪州	2便分	2便分
インド※3	1便分	1便分
イタリア	1便分	1便分
トルコ	1便分	1便分
フィンランド	1便分	1便分
スカンジナビア※4	1便分	1便分
合計	25便分	25便分

※1　中国とは、羽田発着枠配分のほか、成田・北京・上海に係る輸送力制限を大幅に緩和することを確認。

※2　下線は今般の増枠による羽田空港昼間時間帯新規就航国。

※3　インドは、これに加え深夜早朝枠1便分ずつを両国企業にそれぞれ配分。

※4　デンマーク、スウェーデン、ノルウェーの3ヶ国で1便分を配分。

2. 本邦航空会社への配分の企業別配分数

国名	配分数（1日当たり）	
	全日本空輸	日本航空
米国	6便分	6便分
中国	2便分	2便分
ロシア	1便分	1便分
豪州	1便分	1便分
インド	0.5便分※1	0.5便分※1
イタリア	1便分	—
トルコ	1便分	—
フィンランド	—	1便分
スカンジナビア	1便分	—
合計	13.5便分	11.5便分

※1　深夜早朝枠と組み合わせて1便を運航。

に至った。なお、インドについて、両社に対する配分数が0・5便となっているのは、デリー便の羽田出発又は到着の片方が深夜早朝時間帯であるため、この表に掲げられている昼間時間帯のスロット数にカウントされていないためである。

ロシアは日本航空、全日空にそれぞれ1便ずつ配分されているが、これは豪州、インドとは事情が異なる。モスクワという地点は、政治外交上は日本にとって重要な地点であるが、東京―モスクワ間の航空需要についてはそれほど大きなものを期待できない。通過客を含めても、日本企業が1便、ロシア企業が1便を運航すれば需要を賄うには十分と考えられた。ロシアを代表する航空企業であるアエロフロートは、日本航空の加盟するワンワールドのメンバーでもなければ、全日空の加盟するスターアライアンスのメンバーでもなかったが、長年の経緯から日本航空と提携関係を結んでいた。当時アエロフロートはモスクワから欧州の各地点への運航を行っており、このネットワークも活用しながらロシア及びその先の欧州市場を開拓すべく、羽田―モスクワを開設することは、日本航空としては試みるべきチャレンジと考えられた。一方の全日空は、日本航空―アエロフロートに対抗すべく、S7航空というロシアの航空会社と提携したが、この航空会社は国内線こそロシア最大手であるが、国際線のネットワークはアエロフロートのそれには遠く及ばない。また、全日空の加盟するスターアライアンスという航空連合は加盟各社の結束が強固であるため、加盟会社間では提携関係によるメリットを他の航空連合と比較してより多く享受できるが、その分制約も多く、モスクワに関して言えば、モスクワから他の欧州諸都市へのS7を使ってのコードシェアは、欧州地区における最大の提携相手であるルフトハンザの反対によりごく限定的な実施しかできなかった。従って、全日空としては、モスクワと他のロシア国内地点を結ぶ路線についてしかS7を活用することができない。日本からモスクワを経由していくロシア国内地点はサンクトペテルブルクくらいしか考えられないことからすれば、アエロフロートを使って、ロシア国内及びモスクワから先の欧州諸都市への需要も取り込もうとする日本航空に対抗するのには困難が伴うことが予想された。しかしながら、ロシアとの航空協議で羽田便について日本とロシア双方1便ずつの合意が成立した場合、その1便は日本航空のものになってしまうのが明らかである以上、全日空としてもモスクワの地点を要望し、羽田の発着枠を日本航空と分け合う必要があった。従って、この全日空のモスクワの要望は、ロシア国内に拠点を確保し、以後ロシアを中心とした市場開拓に取り組んでいくという構想に基づく面もない訳ではなかったが、むしろ、より多くの羽田の発着枠を確保するという当面の目標を優先させた結果であった。

イタリアについては、全日空だけが1便分の羽田枠を確保した。地点はミラノであり、羽田―ミラノ便は極めて魅力的な路線として、これを評価する向きもあった。しかしながら、このミラノという地点についても課題がないわけではない。一般的に欧州の都市の場合、その都市への需要だけでは路線として成立しない。全日空のフランクフルト便の旅客の6割以上がフランクフルトから乗り継いで他の欧州諸都市へ向かう旅客であることは既に述べたとおりである。

イタリアやスペインは観光の目的地としては申し分ないが、フランクフルトなどと異なり、地理的に、他の都市への乗り継ぎに適さない。かつて日本航空が成田―ミラノ―ローマを運航していたが、採算がとれず、破綻する前の路線の縮小の際にいち早く撤退を決めたが、これは、日本―イタリア間の需要だけでは路線の維持が困難だったためである。全日空にとっても状況はかつての日本航空と同様であり、仮にイタリアの航空会社を活用して市場を拡大するために、ミラノと他の欧州諸都市との間のコードシェアを実施しても、それ程多くの需要は期待できない。イタリアはロシアと異なり、国内に魅力のある地点がたくさんあることから、ミラノ―イタリア国内地点の路線の活用を行う余地はある。しかしながら、ミラノには国際空港であるマルペンサと国内線中心のリナーテという2つの空港があり、全日空が就航するマルペンサからは国内線はローマ便くらいしか出ていない。全日空は、今後の需要の伸びも勘案し、十分な分析を行った上で、ミラノ及びローマを中心とした市場だけで勝負するという判断をしたと考えられるが、一方で、これだけ課題の多いミラノを要望した背景に、日本航空がかつての失敗に懲りて絶対に手をあげてこないイタリアであれば羽田の枠を単独で確保できるのではないかという期待があったことは否めない。

フィンランドについては、日本航空が既に2013年3月に成田―ヘルシンキ線を開設し、ワンワールドのメンバーであるフィンエアーと相互に共同運航を実施していた。全日空がスターアライアンスメンバーのルフトハンザの拠点であるフランクフルトを古くからフル活用し、欧州地区のネットワークを形成していたのに対して、日本航空は、欧州での最大の提携相手である英国航空の本拠地であるロンドンが地理的に他の諸都市への接続に適さないことから、欧州内の核となる拠点を模索していた。ヘルシンキは、欧州内のどの主要都市よりも東京からの航続距離が短く、またフィンエアーがヘルシンキ空港で小型機による多頻度運航を行っていることから欧州各都市への接続も良好で、欧州内の拠点としては理想的であった。実際に、東京―ヘルシンキの2地点間需要は小さいにもかかわらず、ヘルシンキから他都市へ向かう旅客が相当数にのぼるため、成田―ヘルシンキ便は十分な搭乗率を維持していた。日本航空にとって、羽田の発着枠を活用してヘルシンキを中心としたネットワークを強化することは極めて重要であり、加えて、フィンランドと羽田線についての当局間合意ができれば、その枠はフィンエアーの提携相手である日本航空に配分されることから、当然の選択として、フィンランドを要望するに至った。

スカンジナビアとの間では、羽田便を双方1便分ずつ運航することが合意され、日本側はこの1便が全日空に配分された。スカンジナビア航空は、デンマーク、スウェーデン、ノルウエーの3か国の共同所有であり、航空協議も日本とこの3か国の間で行われる。航空協議で合意が成された場合には、この3か国の中のいずれかの地点への運航が行われることとなるが、スカンジナビア航空が既存のコペンハーゲン―成田便を羽田にシフトすることが想定されたため、これと競合させない観点から、全日空は羽田と結ぶ地点としてストックホルムを選択した。

東京―ストックホルムの2地点間需要に多くを望めないストックホルム線のターゲットはストックホルムから他の欧州諸都市への需要であり、全日空には、ここが日本航空のヘルシンキに対抗する戦略的な地点になり得るとの考慮があったと思われるが、客観的に見て、このストックホルムという地点には問題がないわけではなかった。スカンジナビア航空は3か国の共同所有であることからその拠点が分散しており、その結果、ストックホルムからのネットワークは、フィンエアーのヘルシンキと比べて脆弱である。加えて既にフランクフルトで全日空のネットワークづくりに協力をしているルフトハンザは、全日空が欧州に新たな拠点を設けて市場を拡大することには消極的であり、スカンジナビア航空とのコードシェアなどによる路線展開にルフトハンザが種々の条件を提示してくることは必至だった。これらの制約要因を勘案すると、ストックホルム線を成功させるには相当な努力が必要であると思料された。

トルコについてもストックホルムと同様の問題があった。イスタンブールはストックホルムとは異なり、観光地としての魅力はあるため、2地点間需要には一定のものが期待できる。しかしながら、2地点間需要だけでは路線として全く成立しないのは明確であり、ここもイスタンブールから他の都市へ向かう需要に頼らざるを得ないが、ルフトハンザとの関係を考えると、自ずから限界がある。スカンジナビア航空もトルコ航空も全日空と同じスターアライアンスのメンバー（スカンジナビア航空は2024年8月にスターアライアンスを脱退し、9月からスカイチームに加盟）であり、スカンジナビア3国及びトルコと羽田の便についての合意が得られればその羽田枠は提携相手である自社に配分されるとの考慮もあっての全日空の要望であったが、羽田の枠の確保をあまりにも優先したが故に、結果として取り組むべき課題を多く抱えることとなった。

このように国別配分にはいろいろな思惑が錯綜したが、企業別配分の結果は、総数で、全日空13・5便に対して日本航空11・5便となり、2014年に続いて全日空に傾斜したものとなった。

羽田の増枠が残したもの

今回の羽田の国際線発着枠の増加は、2020年に予定されていた東京オリンピックを控え、増大する国際線需要に応えるためのものであった。従って、新たな発着枠を使っての増便は既に運航されている羽田及び成田の国際線に追加されるべきものであり、単に成田の便を羽田にシフトさせるために使うことは、新たな需要を吸収するための羽田の増枠という本来の意義を失わせるものであった。外国の航空会社に成田便の羽田へのシフトを禁止することは無理と考えられたが、本邦航空会社には、新たな羽田の枠は便の純増のためにのみ使うべきと通知し、当初はこの方針が共通の理解となっていた。然るに、羽田の発着枠配分後の本邦航空会社の新たな羽田便を見ると、それまで成田からも運航されていなかった全くの新規路線を除いて、すべてが成田からのシフトであった。航空会社にしてみれば、同じ路線を羽田と成田両方から運航するほどの需要がない以上、シフトやむなしとの判断であったが、結果として、羽田の増枠は成田の減便を招くだけとなってしまった。利用者にしてみれば、単なるシフトでも便利な羽田便が増えるのであるから、それはそれで良いと受け止めるかもしれないが、5年もかけて地元の理解を得て実現した羽田の増枠であったことを考えれば、これは極めて残念な結果であった。

また、このシフトは別の問題も惹起していた。日米がオープンスカイを合意して以降、提携関係にある日米企業、即ちユナイテッド航空と全日空、アメリカン航空と日本航空にはＡＴＩ（Anti Trust Immunity）と呼ばれる独禁法の適用除外が認められ、相互の便の接続を良好にするための調整を行うことが可能となっていた。例えば、ユナイテッド航空は全日空の東アジア便、東南アジア便に接続させることによって、東アジア、東南アジアへ行く旅客を日本に行く旅客と積み合わせて自社の太平洋線の便で運ぶことができ、全日空もユナイテッド航空が東アジア便、東南アジア便に米国からの旅客を流し込んでくれるため、それぞれの路線の搭乗率を高めることができた。もちろん全日空は自社の米国便とアジア便を成田で結び付けて米国の旅客をアジアへ、アジア各国の旅客を米国に運ぶことも可能だった。ところが、この米国便が相当数羽田にシフトしてしまうため、このような接続が従来ほどにできなくなり、成田空港をハブ空港的に使えるメリットが減殺されてしまった。首都圏の空港の機能を一体として強化するという方針の一環としての羽田の増枠であったが、いつしかその効果の重点は、羽田をより便利にするという方向だけに移っていってしまった。また多大な困難を乗り越えての羽田の増枠であったが、それが利益を生む発着枠であるが故に、一つでも多くの枠をおさえようとする航空会社間の争奪戦の対象となってしまい、航空会社の長期的ヴィジョンに立った羽田枠の有効活用という要素が薄まっていってしまったことも残念なことであった。

なお、この羽田枠の第三次配分に基づいて2020年夏期のスケジュールが組まれたが、この運航が始まる前にコロナウイルスの感染拡大が起こり、日本発着の国際線はほぼ麻痺状態となったため、最後の増枠の効果は未だ検証されず、個々の新規路線の評価も将来の結果に委ねられている。

成田空港の容量拡大

2014年8月に設置された首都圏空港の機能強化の具体化に向けた協議会においては、新飛行経路などによる羽田の容量拡大の検討と並行して、成田空港の機能強化の必要性が議論された。これを踏まえて、2014年10月には、成田の地元9市町によって構成される「成田空港の将来像を議論する場としての勉強会」が発足した。この勉強会は4回にわたって開催され、空港の機能強化のための課題の整理などが行われたが、更なる検討は、地元9市町に国、県、成田国際空港会社が加わった四者協議会に継承されることになった。２０１５年９月17日に開かれた四者協議会の場では、国土交通省の提案により、成田国際空港会社が空港の機能強化に向けた調査を実施することとなった。

２０１６年９月27日の協議会では、１年間の調査の結果をもとに、国及び成田国際空港会社から、空港の南東側に長さ３５００ｍの新滑走路を建設すること及び現在２５００ｍの第２滑走路を北側に３５００ｍまで延伸することを柱とした機能強化案が示された。また午後11時から午前６時に設定されているカーフューを午前１時から午前５時に短縮することによって運用時間を３時間延長することも併せて提案された。更に、この案が実施された場合には、成田空港の発着回数は現状の30万回から50万回まで引き上げられ、空港の容量において、諸外国の主要空港と肩を並べることとなるとの説明も行われた。これに対し、地元市町は、成田空港の機能強化の方向性については理解を示しつつも、運用時間の拡大の必要性についての説明が不十分であること、騒音問題に対する環境対策が具体的にどのように行われるかが明確でない限り賛否を決定できないことなど批判的な意見も相次いで表明した。

これを受けて、成田国際空港会社は、地元の理解を得るための活動を精力的に開始した。まず、千葉県下では成田市、芝山町、多古町、横芝光町で、茨城県下では河内町、稲敷市で、合わせて計１０７回の「住民説明会」を開催、更に、映像と音声で航空機騒音の疑似体験もできる設備を用意した「対話型説明会」も32回開催し、合計で延べ５０００人以上に説明を行った。

また成田市、芝山町、河内町に続いて横芝光町にも「地域相談センター」を設置し、防音工事の相談に応じたり、成田空港の運用に関して情報公開を行ったりするなどの活動を継続的に展開した。

地元に対するこれらの説明や情報提供を経て、2017年5月11日、成田市を始めとする9市町を構成員とする「成田空港圏自治体連絡協議会」は、4項目からなる「成田空港のさらなる機能強化に関する要望書」を提出した。要望の内容は、①夜間飛行制限の緩和については、騒音地域の住民の理解が得られるよう、提案の一部見直しを行うこと、②騒音区域の設定に当たっては、地域社会の分断などを生ぜしめないよう関係者の意見を尊重すること、③航空機からの落下物について、発生防止対策を徹底し、落下物多発地域に対して抜本的な対策を検討すること、④空港周辺地域に対して、その均衡ある発展のための将来像を提示するとともに、周辺対策交付金の充実などを図ることの4点であった。

6月12日に開催された四者協議会の場では、成田国際空港会社から、地元の要望を踏まえた「夜間飛行制限の緩和と環境対策・地域共生策の見直し案」が提案された。第一の要望項目であった夜間飛行制限の緩和の見直しについては、2016年9月に提示された運用時間を午前5時から午前1時までとする案を撤回し、3本の滑走路について異なる運用時間を採用する「スライド運用」方式を導入すると共に空港全体の運用時間を5時から0時30分までとする案に変更した。これは、A滑走路からの離陸及びC滑走路への着陸を午前5時から午後11時まで、

A滑走路への着陸とB滑走路からの離陸を午前6時30分から午前0時30分までとずらすことにより、どの飛行経路の下でも、6時間の静穏時間を確保できるようにするためのものであった。また、午前5時台及び午後11時以降の離着陸機はボーイング787型機、エアバス320型機などの低騒音機材に限定すること、一定区域内の家屋については寝室の内窓設置工事及び壁・天井の補完工事を行うことも提案に盛り込まれた。更に、成田空港の国際競争力確保が喫緊の課題であることを踏まえて、C滑走路が供用されるまでの当面の対応として、2020年の東京オリンピック開催までに、A滑走路の運用時間を1時間延長して午前6時から午前0時までとすることも提案された。第二の要望項目である騒音区域の設定については、従来の区域設定基準を見直して、既存集落の状況や社会状況の変化を踏まえた区域設定を行い、地域社会の分断などが起こらないように十分な配慮がなされることとなった。第三の要望項目である落下物対策については、落下物多発地域からの移転希望者に対する成田空港周辺独自の対策の創設が提案されると共に、被害にあった者を支援するため、落下物事案が生じた際の見舞金支払い制度、実損が生じた際の立て替え金支払い制度などの創設も検討されることとなった。第四の要望項目である地域の将来像の提示については、成田空港の機能強化に伴う地域振興策などを盛り込んだ「空港周辺の地域づくり」の提案がなされた。

この見直し案に基づく諸対策について各地区で地元説明会が行われた後の2018年1月31日に、成田空港圏自治体連絡協議会は、国及び成田国際空港会社に対して、「成田空港の更なる機能強化に関する再要望書」を提出した。この二度目の要望書は、①スライド運用の案の下でも、深夜早朝の騒音影響について一層の軽減を図ること、②A滑走路とB・C滑走路に挟まれた谷間地域も追加防音工事の対象とすること、③集落のほとんど全戸が移転対象となる区域等に残される住民に適切な対策を実施すること、④移転する地域住民に対して移転用地の確保のための支援協力を行うこと、⑤成田空港周辺の地域づくりにあたり、産業振興、インフラ整備、生活環境の保全に関する基本方針を早急に具体化して「基本プラン」を地域に提示すること、⑥関係市町が実施する環境対策及び地域振興策の財源とするため、周辺対策交付金の充実を図ることを内容とするものであった。

2月19日、国及び成田国際空港会社から再要望書に対する回答がなされ、すべての要望項目について、前向きな意見が示されたことから、3月13日、四者協議会の場で、「成田空港のさらなる機能強化」が最終合意された。合意の内容は、①3500mの第三滑走路を増設する、②現在2500mのB滑走路を3500mに延伸する、③現在30万回の年間発着枠を50万回に拡大する、④第三滑走路供用までの夜間飛行制限については、現在朝6時から夜11時までとなっているA滑走路の発着時間を朝6時から深夜0時までとし、現在10便に制限されている夜10時以降の便数制限を撤廃する、⑤第三滑走路供用後の夜間飛行制限については、発着時間をスライド運用の下で朝5時から深夜0時30分までとし、すべての滑走路について、10便に制限されている夜10時以降の便数制限を撤廃するというもので、これによって、将来に向けての成

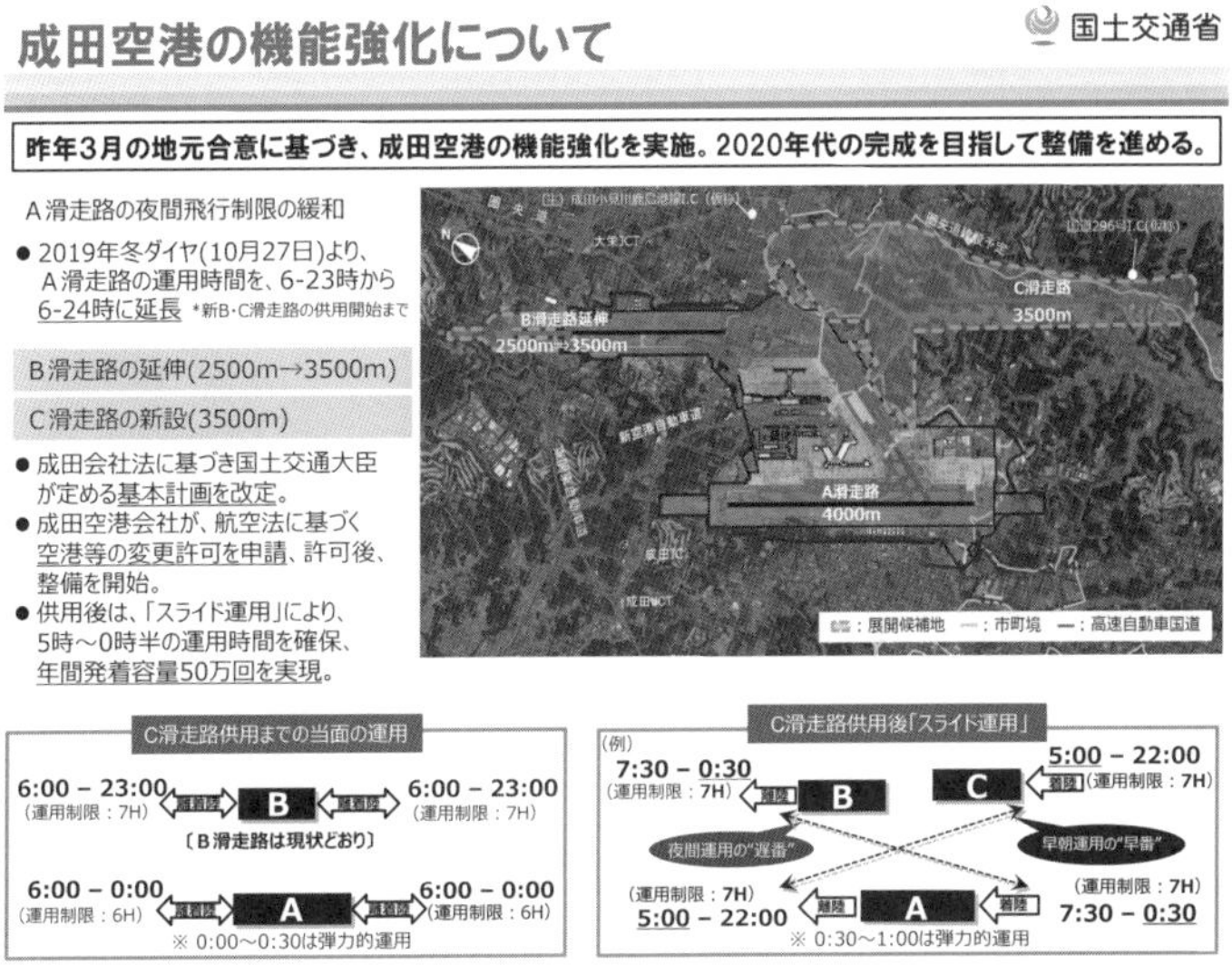

出典：国土交通省「成田空港の機能強化について」

田空港の機能強化の方針が確定した。

世界に比肩する空港能力

羽田空港は、2014年3月に年間44・7万回を達成し、更に飛行経路見直しによって現在約49万回の発着枠となっている。成田空港は、2018年の四者協議会合意の際30万回であった発着枠が、その後高速離脱誘導路の整備によって、航空機の滑走路占有時間が短縮され、現在34万回となっている。従って、羽田空港と成田空港の発着枠の合計は、現状で約83万回、今後の成田空港の機能強化によってその発着枠が50万回となれば、首都圏空港の発着枠は合計で約100万回を達成することとなる。世界に目を向け

首都圏空港（羽田・成田）の空港処理能力の増加について

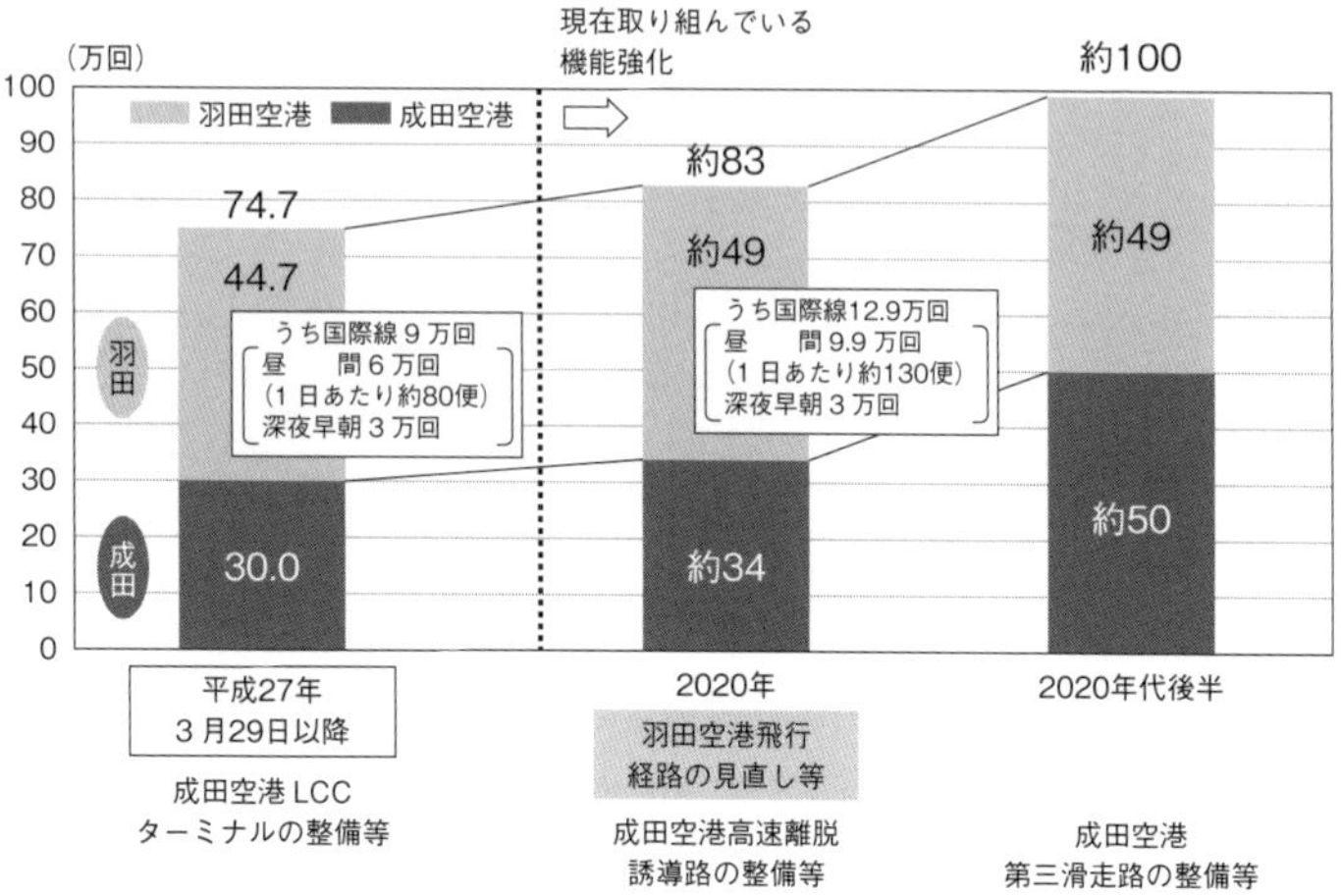

＊１．いずれも年間当たりの回数である。

ても、一つの都市で空港の発着枠が１００万回を超えているのは、ＪＦＫ、ラガーディア、ニューワークの３空港で１１９万回のニューヨーク、ヒースロー、ガトウイック、スタンステッド、ルートン、シティの５空港で１０４万回のロンドンくらいである。１都市２空港の例では、パリがシャルル・ドゴールとオルリーで75万回であり、羽田と成田の合計は既にこれを上回っている。またアジアを代表する香港、シンガポールなどの空港においても発着回数は40万回前後であることを考えれば、わが国の首都圏空港は容量的には一定のレベルをクリアしていると言える。

成田空港がＡ滑走路だけで運用されていた頃は、発着回数は13万回であった。この状態が21世紀初頭まで続き、２００２年３月に暫定平行滑走路がオープンしてもなお発着回数は20万回に留まった。諸外国からの増便の要望にも十分に応えられない状態で、首都圏の空港能力の制約は、航空行政の大問題であった。それが、２０１０年10月以降一気に羽田の再国際化が進み、それに呼応するように成田空港の機能拡大も実現されていった。このように、もはや首都圏の空港の能力的な面を嘆く必要はなくなったが、一方で異なる課題も生まれてきている。

現在羽田の国際線用の発着枠は昼間時間帯が９・９万回、深夜早朝が３万回で、合計すると成田が１本の滑走路であった頃の13万回に匹敵する。本邦航空企業は、国際線については羽田と成田のデュアルハブを基本方針としているが、世界的に見ても、一つの都市で２つの空港をハブとしている航空会社は見当たらないし、実際に羽田と成田でそれぞれどのように路線便数を分担し、両空港を有効に使っていくかは、日本航空にとっても全日空にとっても極めて難しい課題となっている。羽田の新規の発着枠が捻出された際、自社が少しでも多くの発着枠を獲得するという観点から路線を決めていくことが航空会社によって行われたが、これでは羽田の再国際化の意義は失われてしまう。加えて、２０１４年の２度目の配分、２０２０年の３度目の配分においては、かなりの便が成田から羽田にシフトし、結果として成田はかなりの国際線の路線を失うことになった。現状において、本邦企業の羽田及び成田における国際線ネットワークが理想的な形のものになっているかについては疑問の余地がある。羽田の再国際化及び羽田成田を合わせた首都圏の空港能力の拡大は、もちろん本邦企業の競争力向上に貢献するものである。従って、今後は、本邦企業がどのようにして羽田及び成田をフル活用して外国航空企業との国際競争に打ち勝っていくかが大きな課題であり、また本邦企業がこれに成功すれば、それは間違いなく、羽田及び成田の発展に直結していくこととなる。

第八章　公共事業としての空港整備

これまで、羽田の再国際化のプロセスを中心に羽田及び成田がどのように発展してきたかを述べてきた。最後に、この2空港も含む我が国空港整備の実情を眺めながら、公共事業の持つ意味及びそれに対する行政の関わりについて考えてみたい。

我が国空港の現状

別図に示すように、わが国には97の空港が存在する。そのうち拠点空港と呼ばれるものが28あり、その空港整備法上の定義は「国際航空輸送網又は国内航空輸送網の拠点となる空港」であるが、「高い航空需要があり、それに見合った相当数の定期便が就航している空港」くらいのイメージでとらえた方が分かりやすい。

この28空港の内、成田、大阪国際、関西国際、中部国際の4空港は会社管理空港である。成田は、新空港の建設管理を一元的に行う組織として設立された新東京国際空港公団から２００４年４月に業務を継承した成田国際空港株式会社が管理をしている。関西国際と中部国際は、民間活力活用の観点から、政府、自治体、財界の出資によって設立された関西国際空港株式会社及び中部国際空港株式会社が管理する空港であったが、関西国際については、大阪国際（伊丹）と一体的かつ効率的に運営されるべきとの観点から、大阪国際と合わせて、２０１２年４月に設立された新関西国際空港株式会社により管理されることとなった。現在、関西国際及び

全国の空港の分布

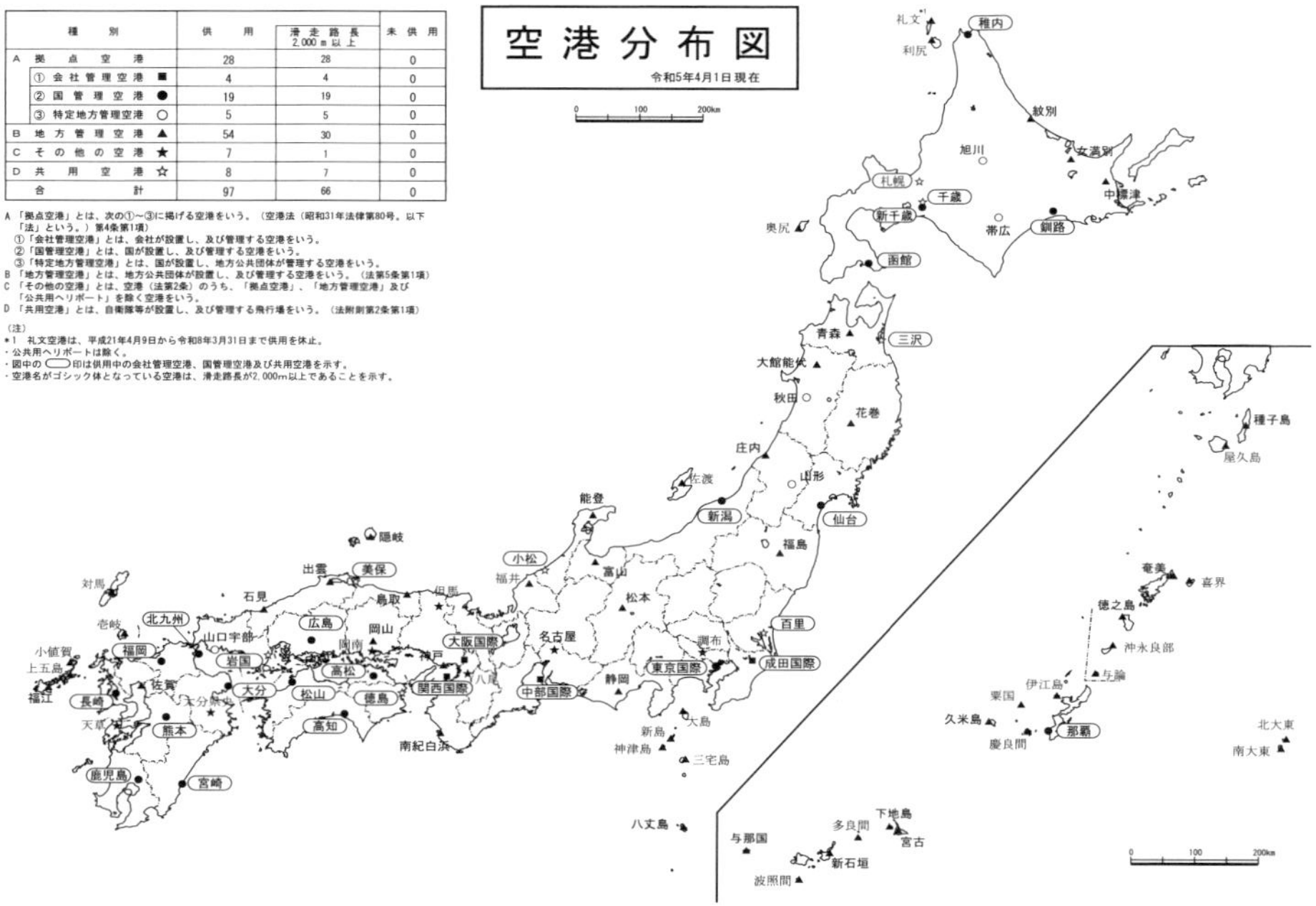

種別	供用	滑走路長2,000m以上	未供用
A 拠点空港	28	28	0
① 会社管理空港 ■	4	4	0
② 国管理空港 ●	19	19	0
③ 特定地方管理空港 ○	5	5	0
B 地方管理空港 ▲	54	30	0
C その他の空港 ★	7	1	0
D 共用空港 ☆	8	7	0
合計	97	66	0

A 「拠点空港」とは、次の①～③に掲げる空港をいう。（空港法（昭和31年法律第80号。以下「法」という。）第4条第1項）
①「会社管理空港」とは、会社が設置し、及び管理する空港をいう。
②「国管理空港」とは、国が設置し、及び管理する空港をいう。
③「特定地方管理空港」とは、国が設置し、地方公共団体が管理する空港をいう。
B 「地方管理空港」とは、地方公共団体が設置し、及び管理する空港をいう。（法第5条第1項）
C 「その他の空港」とは、空港（法第2条）のうち、「拠点空港」、「地方管理空港」及び「公共用ヘリポート」を除く空港をいう。
D 「共用空港」とは、自衛隊等が設置し、及び管理する飛行場をいう。（法附則第2条第1項）

（注）
*1　礼文空港は、平成21年4月9日から令和8年3月31日まで供用を休止。
・公共用ヘリポートは除く。
・図中の ⬭ 印は供用中の会社管理空港、国管理空港及び共用空港を示す。
・空港名がゴシック体となっている空港は、滑走路長が2,000m以上であることを示す。

出典：国土交通省 HP

我が国の飛行場の種類について

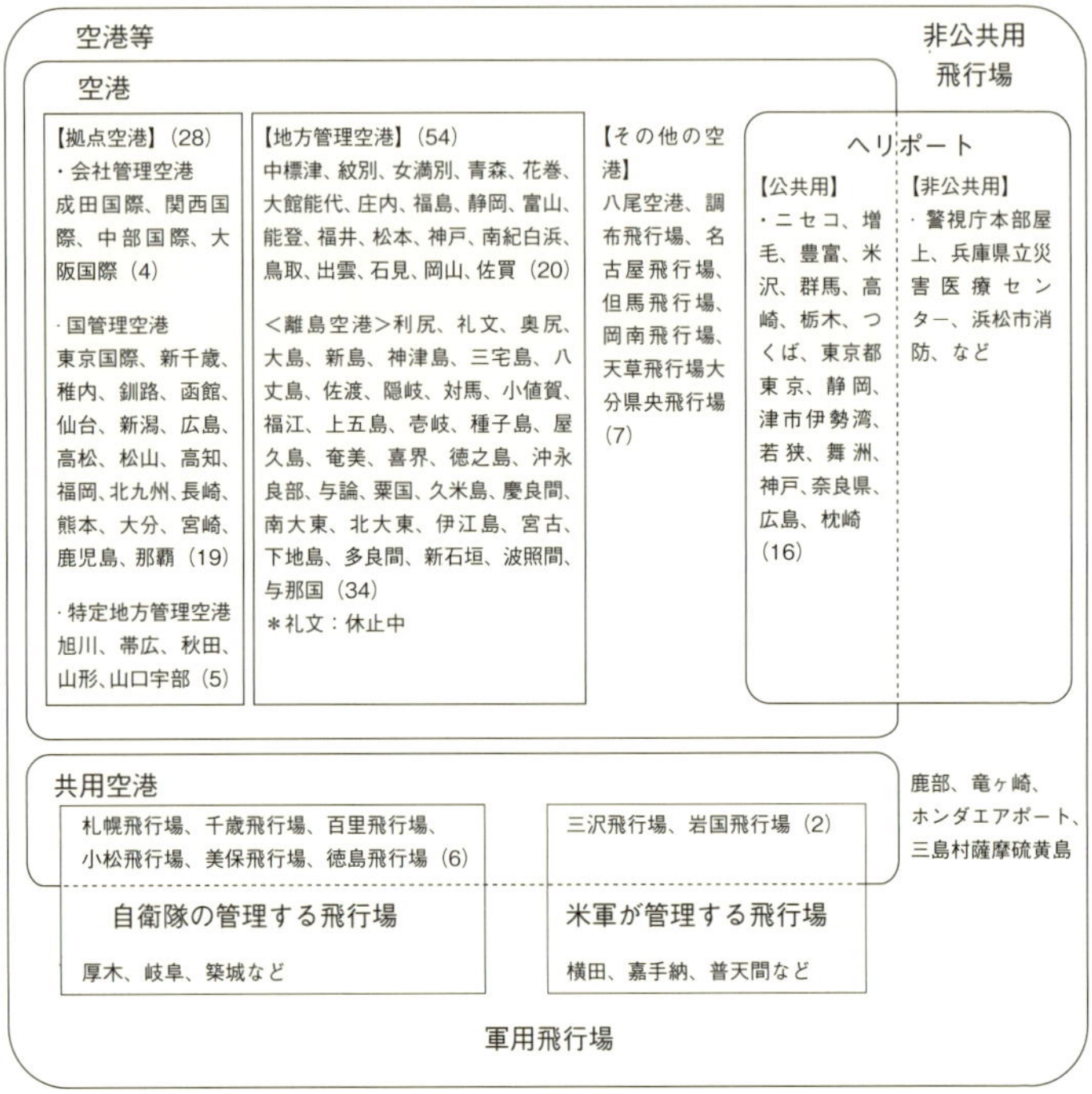

大阪国際の運営権は、２０１６年に設立された関西エアポート株式会社に継承されている。

拠点空港のうち、羽田を始めとする18空港は国が設置し、国が管理する空港である。旭川、帯広、秋田、山形、山口宇部の5空港は、設置はやはり国であるが、管理は地方公共団体が行っている空港で、特定地方管理空港と呼ばれる。国管理空港と特定地方管理空港とでは、施設整備の費用負担が異なっている。空港の施設は、滑走路、誘導路、駐機場などの基本施設と、構内道路、消防施設、排水施設などの附帯施設に分かれるが、羽田空港については、基本施設、附帯施設共にそれらの整備費用は国が全額を負担している。羽田以外の国管理空港については、基本施設は3分の2を国が、3分の1を地方公共団体が負担し、附帯施設は全額国の負担となっている。特定地方管理空港は、基本施設については国が１００分の55、地方公共団体が１００分の45を負担し、附帯施設については、原則として全額を地方公共団体が負担することとなっているが、国が工事費の１００分の55まで補助することができることになっている。

地方管理空港は54空港あり、うち34空港は離島空港である。その空港整備法上の定義は、「国際航空輸送又は国内航空輸送網を形成する上で重要な役割を果たす空港」であるが、こちらも「それぞれの地域の航空需要に応えるための空港」と考えた方が実態に即している。これらの空港については、基本施設の工事費用は、国と地方が１００分の50ずつ負担し、付帯施設は原則として地方公共団体の負担であるが、やはり国が１００分の50まで補助することができることになっている。

拠点空港、地方管理空港のいずれにも該当しない空港として、7空港が「その他の空港」と位置付けられている。八尾空港は国、但馬飛行場は民間、その他は地方公共団体の管理であり、名古屋飛行場を除いて規模は小さく、コミューターなど定期便にも一部使われているが、写真測量、航空宣伝などの航空機使用事業やプライベート機の利用などが主な用途である。名古屋飛行場は、小牧空港という名称の方が馴染み深いが、2005年2月の中部国際空港開港までは、中京地区の拠点空港であった。現在はフジドリームエアラインズが定期便を就航させているほか、ビジネスジェットなどに活用されている。

共用空港というカテゴリーにある8空港のうち、札幌、千歳、百里、小松、美保、徳島の6空港は自衛隊が設置、運用する飛行場、三沢と岩国は米軍が使用している飛行場で、いずれも民間航空にも利用されている。もともと自衛隊、米軍が基地を展開していた飛行場に民間航空が就航するために必要となる施設が付加されたものであり、その施設整備のための費用負担は、基本施設については国が3分の2、地方公共団体が3分の1、附帯施設については国の全額負担となっている。

一般の人たちは空港と言えばターミナルビルを思い浮かべるが、ターミナルビルの整備は公共事業としての空港整備の外にある。世界的には、旅客ターミナルビル、貨物ビルなどの商業施設は、空港オペレーターによって基本施設などと一体的に運営されるのが一般的であるが、我が国では、成田、大阪国際、関西国際、中部国際の4空港を除いて、ほとんどの空港で基本施設などは国又は地方公共団体、商業施設は民間による運営と分離されている。旅客ターミナルビルについては、羽田を始めとする拠点空港においては、純粋民間企業が運営しているが、地方空港などでは、採算性の観点から、地方公共団体単独又は第三セクターで運営を行っているものが多い。

◆空港整備の意義

２００９年9月の民主党政権発足時、「航空局はこれまで全国に98も無駄な空港を作ってきた。しかもその大半が赤字垂れ流し空港である。こんなひどい行政はない」との指摘を受けた。空港の総数が97でなく98なのは、その後廃止された北海道の町営の弟子屈飛行場が当時は含まれていたからである。

過去の行政に対する評価については、ポジティブなものもネガティブなものもこれをしっかりと受け止めなくてはいけないのは当然であるが、98も無駄な空港を作ったというのは如何にも極論である。まず、拠点空港について、これを無駄な空港と考える人はまずいない。地方管理空港のうち34空港は離島にあって、まさにライフラインであり、これらも無駄か有用かの議論の対象とはならない。その他の地方管理空港の中には、航空需要が比較的細いものもあるが、これらについても、地域において果たしている役割を十分に把握することなく、無駄と決めつけるのは早計である。

私は静岡の出身であるが、最後の地方空港と言われている郷里の静岡空港についても、その建設については様々な意見があった。まだ空港が構想としても全く具体的になっていない段階だった１９８６年秋、静岡経済同友会の依頼で、地元の観光振興の講演をしに行った際、意見交換の場で空港についての話が出た。

「静岡に空港を建設するというのはどうでしょうか」

「何故、空港が必要とお考えですか」

「今どき、県に空港の一つくらいなければと思いまして」

「そうであれば、やめた方が良いと思います。空港は地面にアスファルトを敷いて滑走路を造ればできあがるというものではありません。建設に当たっての広大な用地確保一つとっても容易なことではありませんし、建設後も騒音問題その他にかかる行政コストは膨大です。絶対にやめた方が良いと思います」

参加者の方々はみな明らかに不満げであり、これで私は「非県民」になってしまったと感じたものである。

それから20年余経った２００９年6月、静岡空港は開港した。当時、航空局長だった私は、静岡市内のホテルでの開港式典に出席し、挨拶をした。

「わが郷里静岡に空港。感無量であります」

人格を疑われそうな豹変ぶりであるが、これには理由があった。

静岡空港は、他の地方空港と比較しても難産の末の空港だった。私が講演会で空港を作ることに否定的な発言をして顰蹙をかった翌年の１９８７年、当時の斎藤静岡県知事によって島田市から榛原町にかけての区域での空港建設が決定された。しかしながら、内陸空港であるが故の宿命で、用地確保を前提とした計画の確定に時間を要し、運輸大臣の空港設置許可が下りたのは決定から9年後の１９９６年7月であった。この年の11月、静岡県は用地買収を開始し、１９９８年11月には起工式が行われて、既に用地が確保されていた範囲から順に工事を実施していくこととなった。

静岡空港の必要性に疑問を感じる者たちによる反対運動は設置許可の時点から起こっていたが、２００１年6月には、建設反対派によって、地方自治法の直接請求権に基づく住民投票条例の制定の請求が成され、9月に静岡県議会がこの住民投票条例案を否決するという事態にもなった。これを受けて、２００３年には、静岡空港建設に反対する国会議員１５９名によって、「高速交通網に恵まれ、東西の両近接地域に大規模空港を擁する静岡県に空港を新設する必要性は乏しい。また空港建設の是非を住民投票に問うための直接請求が成立したことからも空港建設に県民の合意が成立しているとは言い難い。静岡県知事は速やかに空港建設中止または凍結など抜本的な見直しを実施すべきである」という内容の反対署名運動も起こされた。

一方で、用地確保も難航し、２００４年11月には、静岡県が国土交通省中部地方整備局長に対して土地収用法に基づく事業認定を申請することになった。空港用地の収用手続きが進められたのは、成田空港予定地の代執行以来34年ぶりのことであった。２００６年以降、静岡県は、空港本体部畑部分、空港本体部山林部分、空港周辺部の3区域それぞれについて、静岡県収用委員会に対して土地収用法に基づく権利取得裁決申請、明渡裁決申し立てを行っていった。静岡県土地収用委員会は静岡県の申し立てに基づく裁決を順次行い、明渡期限到来によって、静岡県はそれぞれの部分について権利を取得した。2007年1月には、建設反対派が元収用地の部分に残る自分達の所有物件を自主的に撤去し、これを受けて静岡県も行政代執行手続きを中止した。3月には、静岡県は、最後に残っていた空港周辺部についての権利を取得し、これによって申請したすべての権利の取得が完了した。

しかしながら、この時点で、まだ一つ重要な問題が残されていた。滑走路の西側の制限表面から十数メートル突出する立木の存在だった。この立木については、県が測量データの検査過程で制限表面を超える物件を見落とすという考えられないミスを犯していた。県は問題解決に向けて立木伐採についての交渉を重ねたが、地権者の合意を得ることはできず、遂に2008年10月、制限表面に立木がかかることを避けるために滑走路を短縮する工事を行うことを決定し、開港予定日も本来の2009年3月から最大4か月延期することとした。2009年2月、石川静岡県知事が立木の地権者と直接面談を行い、この場で地権者は立木伐採の条件として静岡県知事の辞職を要求、翌3月、石川知事は臨時記者会見で知事を辞職する旨を表明した。5月に地権者は静岡県と分担して立木を伐採し、翌日、石川知事は辞表を提出した。

このような困難を乗り越えて2009年6月4日に開港した静岡空港であるが、その後は順調な歩みを続けている。静岡県は路線の誘致の働きかけを積極的に行い、県民も大いに空港を活用した。国内線では、日本航空（破綻後撤退）及び全日空が札幌、那覇線を運航、地元のフジドリームエアラインズが札幌、出雲、福岡、熊本、鹿児島に就航した。国際線も、大韓航空及びアシアナ航空がソウル線、中華航空が台北便を運航し、中国も、中国東方航空等が上海、武漢、寧波、温州、南京、天津等と結ぶなど、順調に便数も増加していった。静岡県も空港を核とした活性化を目指しており、特にインバウンドに関しては、降り立った時に富士山が見える空港として広報を積極的に行うなど、誘客に励んでいる。

今から40年近く前に、地元で「空港はやめた方が良い」と水を差した私だったが、それは空港を希望する理由が「県に空港の一つくらい」という情緒的なものであったからだった。しかしながら、開港を迎える時点では、折角苦労して作った空港を最大限有効活用したいという意識が県民全体に浸透しており、それを見て私は心からの祝意を述べたまでだった。開港式典で、石川元知事は「静岡空港については逆風が吹くことも多かった。しかし、飛行機というものは本来逆風に向かって飛ぶもの」と感慨深げであった。困難を克服して作り上げた空港を、地元の貴重な財産として大切にしていこうと県民が思い続けるとすれば、それは公共事業の望ましい姿であり、これを無駄なものと呼ぶことは決してできないと思う。

空港の採算性

「赤字垂れ流し空港」、これも率直に言って当を得ていない指摘である。公共事業の産物というものは、もともと収益を上げることを目的に整備されるものではないし、本来赤字黒字を議論する対象とはなり得ない。空港の場合は、利用者負担の観点から着陸料、停留料等を徴収している関係で収支をはじくことはできるが、商業施設の運営を民間に任せている我が国の空港では、この航空系収入だけでは運営費の一部を賄うのが精一杯で建設コストの回収など到底不可能である。空港に限らず、種々のインフラについては、建設から運営までを一手に手掛けてそれで利益を上げられるのであれば当然民間に委ねるべきであるが、それができないが故に、必要な社会インフラは公共事業として整備が進められる。赤字垂れ流しという指摘に対しては、お金儲けをしている一般道路や堤防などどこにあるのでしょうかという問いを返したい気持ちだった。

諸外国においては基本施設と商業施設が一体的に運営されており、着陸料、旅客取扱料などの航空系収入も、ターミナルビル使用料、駐車場収入などの非航空系収入も共に空港運営主体に帰属する。運営主体は様々であるが、一般的には中央政府または地方政府によって設立された空港公団、空港運営会社であることが多く、更にその多くが現在は民営化されている。我が国においてこれらの諸外国の例と同様の一体的運営が行われているのは、会社方式をとっている成田、伊丹、関西、中部の4空港においてであるが、ここでは関西国際空港を例にとって空港の採算性について考えてみたい。

関西国際空港は、3分の2が政府出資の特殊法人である関西国際空港株式会社によって整備が進められ、1994年9月に開港した。関空会社の最初の通年決算は1995年度であるが、その内容を見ると、まず営業収益は1082億、うち航空系収入が461億、非航空系収入が622億で、やはり非航空系が航空系を上回っている。営業費用は910億（運営経費590億、減価償却費321億）で、初年度から営業損益は172億の黒字である。ところが支配利息が531億であるため、これ以外の営業外収益、営業外費用を差し引きしても358億の経常損失であった。この収支から見てとれることは、まず非航空系収入なしで空港の採算はあり得ないことである。一般的に非航空系収入は航空系収入よりも利益率が高いことを考慮すればなおさらである。もう一点は建設コスト及びこれに伴う金利負担が採算上極めて深刻な問題となることである。関西国際空港の場合は、伊丹空港の騒音問題に懲りて対岸から5㎞離れた水深の深い海を埋立てて作ったことから元々の建設コストが高いところに加えて、予想以上の地盤沈下によって工事が遅延し、これが金利負担増大の原因にもなった。また漁業補償が難航し、当初の想定を大幅に上回る補償額となったこともコストを引き上げた。民間が実施すればより金利負担その他コスト削減を上手にやるのではないかと考える人もいるかもしれないが、逆に工事実施上の不測の事態や漁業補償などに伴うリスクを民間が背負うことは到底無理であるし、いずれにしても建設コストの回収も含めて採算をとることは極めて困難である。

関西国際空港のような大空港の場合は収入も多大であるが、地方管理空港などにおいては便数も少ないことから航空系収入はわずかであり、非航空系収入も便数に伴う旅客数の少なさを考えれば、収支上の大きな貢献とはならない。ほとんどの空港において収支が赤字となるのは当然である。

関西国際空港は1996年度には償却前黒字を計上し、空港の民活第一号としてはまずまずとの評価も受けたが、重い金利負担や需要の伸び悩みから毎年大幅な経常損失を計上し、累積損失は膨らむ一方であった。2003年からは補給金の手当てもなされたが、それ以後も抜本的な財務構造改善には至らなかった。この構造的な問題を解決する観点から、2012年には、関西国際空港と伊丹空港を統合して両空港の一体的効率的運営を実現するための新関西国際空港株式会社が設立された。更に2016年には、オリックスとフランスのヴァンシのコンソーシアムが設立した関西エアポート株式会社が新関西国際空港株式会社から両空港の運営権を継承し、コンセッション方式による関西国際空港及び伊丹空港の民営化が実現した。民営化後は、インバウンド旅客の急増などにより、関西国際空港の運営は極めて順調であった。この結果から、やはり民間に任せることが得策であるとの意見、また既に黒字を計上していた伊丹と統合したことが正解だったとの意見を述べる人もいる。ただ、これはそれまで両空港に支払われてきたコストを全く捨象した意見である。関空が開港までに如何に膨大な費用がかかったかは前述のとおりであるが、伊丹空港についても、騒音対策費だけで累計で７００億円を超えており、これは一般的な地方空港の建設費の数倍の金額である。出来上がった空港についてはその運営を民間に任せることも可能であり、実際にも空港の民営化は関西国際空港以外の空港でも進められているが、それらの中で、建設段階から民間が手掛けることができたと考えられるものは一つもない。運営面その他で民間を活用することの重要性と、公共事業としての空港整備の意義とは、同じ次元での議論になじまない。

「コンクリートから人へ」、これは政権交代を実現した民主党政権のスローガンの一つである。公共事業を優先していた従来の政治から、福祉の充実など人間本位の政治に移行していくという趣旨であったかと思われる。しかし、公共事業はその地域のため、更には国全体のためにという強い情熱の下に進められるものであり、その公共事業の産物も地域のために有効活用しよう、地元の財産として大切にしようという気持ちに支えられている。このように公共事業には人の気持ちがこもっているという理解に立てば、「コンクリートから人へ」という言葉は矛盾しているし、公共事業もコンクリートという無機的な単語で表現されるべきものではない。

羽田、そして成田

羽田のD滑走路。多摩川の流れを守るために埋立と橋脚のハイブリッド方式が採用された。あの南側1100mの橋脚部分を見るたびに、環境保全など人間を守るための配慮の大切さを感じさせられる。このD滑走路は、B滑走路と完全に平行でなく、時計回りに7・5度ずれている。航空機は荒天時は離陸後一定の距離を直線で飛ばなくてはならないが、D滑走路をB滑走路と平行にした場合、荒天時の飛行経路が浦安上空にかかることから方角を調整した。これも騒音の影響を最小限にという設計上の重要な配慮である。

現在の羽田空港。能力拡大のための4本目の滑走路はこの位置しかないとの判断から出来上がった世界に例のない井桁の形、安全確保の大命題の下に管制技術の粋を尽くして達成した49万回、そのうちの13万回を使って日本と外国を結ぶ国際線の1便1便、これらすべてに人々の気持ちというものがこもっている。

成田空港。反対派が妨害のためにタイヤなどを燃やし、もうもうとした黒煙のなかで供用開始となったA滑走路、開港から24年をかけてようやく供用開始となったB滑走路。「筆舌に尽くし難い」という言葉は、この2本の滑走路にこめられた人々の万感の思いのためにあるのではないだろうか。

成田のC滑走路。これが現実のものになることなどかつては夢にも考えたことがなかった。少なくとも、騒音問題などから既存の滑走路の発着数の増加にさえ難色を示してきた地元の方たちが、第3滑走路の建設、更にはカーフューの短縮に合意をしてくれることなど考えられないことであった。しかし、これは、長年成田空港と共に生き、成田空港のことで最も苦労してきた地元の人たちであればこそ、成田空港の将来を本当に考えてくれた結果であった。人々に支えられての公共事業、今や成田空港はその典型となっている。

羽田の再国際化、これは国民に大いに歓迎されたものであった。めまぐるしく変化する状況の下で、航空局はその羽田の再国際化に常に懸命に取り組んできた。しかし、そんな航空局も「羽田の方が便利なのだから国際線もどんどん羽田に移せば良い」という意見には今でも複雑な思いを抱かざるを得ない。

1966年に新空港の閣議決定がされた際、すべての国際線は新空港でというのは国民の共通の理解であった。ただ、その頃は羽田の拡張がこれほどまでに進むことなど想定されていなかった。想定されなかった事態が起こった時、それに適切に対応すべきは自明であり、羽田の容量に余裕が生ずれば、羽田でも国際線を受け入れ、国民がその便益を享受すべきなのは当然である。しかし、その場合でも、あの閣議決定に基づく成田空港の建設拡張がどれほどの困難を伴ったのか、どれだけの人の理解と協力が必要であったのか、どれだけの労力が払われたのか、そしてどれだけの犠牲を伴ったのか、私たちは絶対に忘れてはならない。そして、公共事業の産物というものは、将来の長きにわたって最大限活用されるよう不断の努力が払われなくてはならないこと、羽田の有効活用の観点から羽田の再国際化が進めば進むほど、成田の有効活用の観点から、成田の国際線ネットワークの強化も進められなくてはならないこと、これらも私たちの心に深く刻んでおかなくてはならない。

羽田―金浦、羽田―虹橋、羽田―北京首都と、羽田の再国際化が一歩、また一歩と進む中で、航空局の成田に対する思いはむしろ高まっていった。羽田の国際定期便の実現を決めた2008年の閣議決定、民主党政権の下での羽田の国際枠増枠の決定などによって羽田の再国際化が一気に進んだ時も、航空局は、首都圏の国際線の拡大という最重要施策の着実な実施と同等に、羽田と成田の共存共栄に心を砕いた。この航空局の姿勢を見て、「羽田は国内線、成田は国際線」という過去の命題に何故引きずられるのかと疑問を呈する声もあった。しかし、これは、決して航空局が過去に引きずられていたからではなく、成田空港の整備という公共事業が、どのような人のどのような気持ちで進められていったかを考え、そしてその経緯を尊重したいと考えた結果だった。客観的合理性というものは極めて重要であるが、それだけを追求して過去の経緯などを捨象してしまうことは、公共事業を担当する行政として決して正しい姿勢ではないと、私自身も今でも強く思っている。

羽田と成田の二空港がどのような道を辿ってきたか、それを知ることは公共事業の持つ意味を考える上で、また行政がその責務にどのように向き合ってきたかを知る上で、この上なく重要である。是非、多くの方がそのことを心の片隅に留めながら、今後の羽田空港を、そして成田空港を見つめていっていただけたらと思う。

【著者プロフィール】
前田隆平
静岡県生まれ。1977年に東大法学部卒業後、運輸省に入省、航空局国際課に配属。1983年、コーネル大学経営学大学院卒業。その後、国土交通省大臣官房審議官、航空局長、政策統括官などを経て、2011年に初代国際統括官。2013年、外務省在スイス特命全権大使（リヒテンシュタイン公国兼轄）。現在、東武鉄道株式会社執行役員経営企画本部長。著書に『地平線に—日中戦争の現実—』（幻冬舎）がある。

羽田と成田
二つの首都圏空港が辿った道

2024年 9 月12日　初版発行
2024年11月11日　2 刷発行

著　者：前田隆平
発行者：花野井道郎
発行所：株式会社時事通信出版局
発　売：株式会社時事通信社
〒104-8178　東京都中央区銀座 5-15-8
電話03（5565）2155
https://bookpub.jiji.com/

カバーデザイン　長内研二（長内デザイン室）
編集　大久保昌彦
本文 DTP／印刷／製本　精文堂印刷株式会社

ISBN 978-4-7887-1982-8 C0031 Printed in Japan